優渥叢書

優渥叢書

在這隨波逐流的世代裡，
不要將就的過自己的人生！

，我的天
我，決定

從小助理到身家上億，
看我30歲前翻轉人生的故事

法比安◎著

PART 1 我不是天才，但我是…… 019

CONTENTS

PART 2

我愛錢，但我更愛財富自由 055

PART 3

CONTENTS

PART 4

PART 5 與哩民及朋友一起成長的良師兼益友 161

CONTENTS

推薦序

法比安，精采的生活家，我心中永遠的傳奇！

達睿思國際傳播諮詢（DeVries Global）董事總經理
劉愛華 Vivian Liu（香香公主）

第一眼見到他，絕對不會是你我心中那個所謂「餐廳老闆」該有的印象，雖然在北京七年，早已見怪不怪。然而在台灣，日常頂著一個彷彿隨時要上台表演的張揚妝髮與造型的人，這還是第一次看到！何況，又拎著一個本來以為是我專屬獨有的皮草大包包，心中默默地：「哼！」

然而，就在對話開始的五分鐘內，你就這麼被迷惑了。這個花名為法比安的人，令人懾懾稱奇。無論是投資理財、信用卡領域的「哩程達人」；到各大航空公司、酒店爭相合作的 Influencer，他所展現的專業與高度，不亞於我多年來在兩岸三地，合作過的藝人以及網紅朋友們。他總是以最簡單易懂的方式直擊精髓，打通你我的任督二脈、激發出無限可能。

更重要的是，他永遠如此地熱血仗義，總在你最需要的時候，還沒來得及開口就主動出手了；並且還自轉後續效應、及時回報。在現在社會的主流價值中，我只能說：「我真幸運，感謝華航小武哥，在調任紐約前，介紹了這麼一位好弟弟！」

如今，這個有本錢一年超過兩百五十天都在國外飛來飛去、到處工作旅遊；因為房子即將都更，直接住進五星級酒店的法比安，決定公開投資心法。以他獨特且豐厚的洞察與經驗，分享對投資的熱情、創造出有質感的生活。這不只是一個屬於法比安的精彩人生、更是一本受用無窮的全方位工具書！

它，是屬於我們每個人的，依循這樣「不按牌理出牌」的模式，相信我們都可以寫下一樣精采的人生！

推薦序

不只是雞湯，我們都需要一個榜樣

高中老師、作家／楊雅芳

老人家說：「三歲看大，七歲看老。」我是法比安高中導師，如果這句話具有歷史承傳的可靠性，我認識的法比安應該已經「定型」了。既然如此，就來說說我這個老人家眼中的法比安。

認識法比安，是在徐匯中學他國一的時候。當時我不是他的導師，帶的是另一個班。我知道他的原因，是他小小國一就拿了全國網頁設計冠軍，可以和總統一起照相，當時我羨慕死他的導師了。

第一次接觸，是他國二時。廣播社的指導老師有進修規劃，想請我接替她的工作。本來我很猶豫，但她告訴我社長是法比安，還說：「妳只要在社團時間坐在教室裡就可以了，其他交給社長就行，妳通通不用管，帶作文去改都可以。」我同意了，事後證明，我的同事誠不欺我也。

再來就是高一，我們命中注定的相遇。法比安直升徐匯高中部，而我第一次帶高中，他來到了我的班。班上四十七個男生（徐匯是男校，真的很難笑），對，我一個弱女子每天都要咬牙、和著血淚，和四十七個血氣方剛的十六歲青年鬥智鬥勇。不過那一班，帶給我的回憶卻是最多。

我的班當時是重點班，學校派的任課老師都是一時之選，每個任課老師嚴厲起來都是變態級別，尤以某科為最。法比安能言善道，又帶著點雞婆個性，所以眾望所歸，成為班上數學小老師。因為他，班上幾次原本非考不可的試，都因為他在數學辦公室的縱橫捭闔，一場可能引發師生不合、讓老師懷疑人生的考試，就莫名化為無形了。

當然，我也享受到了身為他導師的福利。

徐匯中學的慈善園遊會歷史悠久、遠近馳名。身為導師，有些人覺得辛苦，我卻忙得甘之如飴。原因很簡單，它不但有意義，還能凝聚班級向心力，當然，我自己也愛玩。

我告訴他們，一年裡，就當一天社會的聖誕老人，給這個社會添些溫暖。或許是我的語言具有煽動力，四十七個男生都很亢奮，全班熱情動員。

而且，我們有法比安。

如書裡所說，他一個人的業績，已經是很多班級的營業總額。也是從那時候開始，我看到了他的經商天分，也知道他在校外，有不為人知的「地下活動」。

其實身為老師，有時很糾結：明明覺得這年紀的孩子讀書最重要，但是從法比安身上，我又看到他不該被體制框限的才華。當他用各種理由在星期五下午拿著假單給我，我最後還是咬牙簽名。因為我知道，他很特別，在未來不久的以後，他會走出一條和班上所有孩子都不一樣的路。

法比安的能力和成就，從這本書封面上的文字就知道，我不用再贅述。他可能和大家不一樣，因為他是天才；但他又和大家一樣，是透過努力才得來的成功，不是走在路上，天上砸下餡餅，給他一個億萬富翁身分過乾癮。這也是我們這些凡夫俗子讀這本書的意義。

他離開學校已經十幾年，這些日子當中，他會回母校看我，而且一定隨手帶些好物來給我；我也常帶著女兒或同事、朋友去他店裡坐坐，聽聽他的經歷、旅遊見聞。我們從師生情誼，如今已成為雋永友誼。

既然這是一篇推薦序，身為國文老師，自然要來歸納一下此書「非讀不可」的三大理由：

1. 這不只是一碗雞湯

人要成功，需要一碗一碗的雞湯。書裡的「法語錄」值得你記錄在小本本上，隨時催眠自己、要求自己。但這本書也不只是一碗雞湯，他還給你一下又一下的巴掌，搧得你正視自己的問題：你有沒有像法比安一樣為了目標，這樣嚴格要求自己？

2. 我們都需要一個榜樣

貧窮會限制人的想像力。億萬富翁對現代年輕人來說，有些遙不可及；頭等艙的頂級人生、萬卡之王，這些稱號我們想都沒想過。但是有個生長在這塊土地的年輕小伙子就是做到了，他用頭腦去思考、用手去做，也用他的腳去走，為我們走出一條可行的道路。

3. 有錢又有情的男人最帥

有錢的霸道總裁酷帥狂霸跩，但法比安的迷人還多了份溫情：他成功不忘舊友、有好物會奔相走告、教你怎麼算哩程數才划算、有空還來個吃播；去他店裡，你看他對員工嚴厲，其實就是要給客戶至高無上的尊崇與賓至如歸的享受。他的錢，一點都不冰冷。同學們，要當這樣的有錢人，社會更溫暖。

人家說改變改變，要「變」就要「改」。法比安說，一個人最重要的工具是「自己」；他告訴你有一種人生境界是可以做、可以追求的。如果你嚮往、也喜歡，那麼可以按圖索驥，決定你的天才、你的人生。

要成功，請往這走。

FABIAN 1 "PHILOSOPHY"

我不是天才，但我是……

我想先讓大家知道我是個怎樣的人、
怎麼過我的一天。

而我的方法大多數人都能做到，
只要先搞懂會跟著一輩子的工具——自己。
然後為這個工具做好規劃，最後照著計畫進行，
你會發現，沒有辦不到的事。

很多人這樣問我：

「法比安你有睡覺嗎？」

「法比安你怎麼可以同時做那麼多事情？」

「為什麼社團裡的問題你都能秒回？」

因為我珍惜時間、善用工具、避免拖延。

珍惜時間：逝去的時間無價，沒人能買得起。

善用工具：理解自己、善用自己；理解工具、善用工具。

避免拖延：日昇日落，事情就是會一直發生，拖延就會錯過機會。

很抽象嗎？讓我用舉例的方式來向你說明。

1 我很忙，再有錢也買不起的東西是時間

我習慣把一天24小時分割成48塊餅，每一塊都是30分鐘。（註）

因為全世界唯一公平的是，沒有人買得起逝去的時光。

你可以用錢去買高效率的設備、你可以加強訓練讓下次執行更快，但是不論如何省下時間，你永遠買不回過去。

因此，通常我開始工作之前會有個大框架，而這個框架中會有：**我需要的素材、我需要的時間、我應該達成的目標。**

搞清楚這三項後，規劃順序再開始執行。

其實就跟做菜很像，你要先掌握：

需要的食材、做一道菜需要的時間、設想吃起來的味道是什麼？

做事情有先後順序、有效率規劃，然後照著計畫走，並且在執行同時，時時修正流程——這就是珍惜時間。

而珍惜時間的人，就會有更多自己的時間，去做想做的事情或休息。

註：48塊餅的概念類似「番茄鐘工作法」。番茄鐘工作法由一九八〇年代後期，弗朗西斯科·西里洛（Francesco Cirillo）提出，指用25分鐘專注工作、用5分鐘時間專心休息的工作方法。

2 睡得少，工作做完才能安心睡

當你跟自己清醒地相處一輩子，就會知道自己的能耐在哪。
細想你現在都幾歲了，但是有多少時候做事的速度不如預期？
是沒搞清楚自己的能力？還是錯估了問題的難度？

總之，能了解自己、控制自己、運用自己的時間，
就能有更多成就和更多能量，也能擁有更多時間。

因此，朝九晚五對我來說沒有意義。
因為我想要完成的事情，能自己決定要**花多少時間**；

因為我做事的速度，能自己決定要**省多少時間**。

所以除了吃飯、睡覺和休息，我幾乎都在創造產值，
每個產值都讓我的生活有意義，而不是讓人控制我，成為行屍走肉混墮過日。

法語錄

人生就像騎腳踏車，
為了保持平衡，你必須一直前進。

3 這世上沒人靠拖延發財

在我的人生中，從未聽過任何人因為拖延得到好處，
但我確定的是，拖延會讓問題發酵，當機會來臨時讓你滿手鳥事無法面對。

我明白也同意，很多人都想懶散過日子、
很多人追求的商品我們也可以追求，
但是很多人習慣的壞習慣，絕對不是幫助你成功的原因。
如果你和他們都一樣，自己想想就知道怎麼會進步？
你又怎麼有機會掙脫平凡的生活、平凡的人生？

而親愛的請相信我，當你有規劃地過日子，那才會真的輕鬆。
今日事今日畢，把事情做完了才能真的放鬆，
才不會心裡有負擔睡不著。

你需要的不是安眠藥，而是把事情做完、做好的安心。

法語錄

一面對挫折就馬上放棄的人，
跟還沒開始就放棄的人，根本沒兩樣。

4 我如何用時間籌碼去換成就？

科學證實，並不是每個人都適合相同的就寢時間或睡眠長度，**我的原則是「累了就休息、不累就把事情完成」。**

而大多時候，我聆聽身體的聲音，對於還沒完成的事情會很興奮，我最能放鬆的時候，就是事情都完成或員工也收工休息時，那時我才會感到疲倦。

出書過程中某天，編輯黏在我身邊一整天，以下是她記錄下我的日常。

02：30

此時差不多看完各個分公司回傳的資料，看完資料後我會去洗澡。洗澡的時候思慮最清楚，常常會有突發的創意，能檢討今天沒做完的事情、沒做好的細節。所以常常洗澡出來，我才會發送今日批示檢討給助理和公關。個人的部分則是會想一下，社群下一步的娛樂活動或商業合作是什麼。

04：30

就寢前，看一下讓自己放鬆的影片或書籍。

不論影片或書籍，我都跳著看有興趣的部分，吸收新知不是工作不需要太嚴肅。

09：30

如果沒有特殊安排，一般我會睡滿五個小時。

起床後，請管家進房把要洗的衣服收走，接著整理一下自己後離開飯店，如果沒有其他行程，會安排司機接送我到餐廳。

（從第一份在北京的全職工作開始，我就習慣住在走路十五分內能到公司的地方，最好是公司樓上。所以住郊區是永遠無緣的，哪怕我要租很貴的房子才能在好的地段上班。**生命該浪費在美好的事情上，通勤絕對一點都不美好。**）

10：50

進公司後半小時內，把事情和員工注意事項都交代好，出門去Salon打理自己。

12：00

從Salon出來後，司機送來晚上慶生用的蛋糕回店裡，

然後協助員工準備今天要出的餐點。

13：00～15：30

開始看公司報表，這中間接了各海外公司的回報電話，

處理員工詢問和回報，回覆網路上社團哩民和粉絲的留言。

15：30~16：00

編輯抵達餐廳，用十五分鐘回答採訪問題（編輯流淚），另外十五分鐘和熟客打招呼、聊了一下。

16：30~18：30

客人陸續離場後，檢查員工執行的每日深度清潔項目，中間穿插編輯在旁邊採訪十分鐘（編輯再度流淚）。接著社團哩民來店裡，一起討論社團活動和耶誕 Party 細節。

19：00~22：00

晚餐時間的客人再度進場，協助員工招呼好客人後，和社團幹部討論下半年度活動，順便幫哩民慶生。

21：30~22：00

準時結束營業，請員工整理好環境後，

和他們一起檢討今日營業中的問題或特殊狀況。

22:00~24:00

和哩民繼續討論活動、邀請大家一起看書的部分初稿（編輯淚已流乾）。

24:00~02:00

和哩民及其他朋友們吃晚餐，這也是今天唯一的正餐。

02:30

看報表，開始新的一天。

我的日常，緊湊而充實。

5 好東西會用才會有好生活

國小時，我記得有一集的〈櫻桃小丸子〉，劇情是這樣的：

小丸子看到好朋友小玉用名牌錢包，問她是不是很貴？

小玉回答她：「我媽說，要用好的東西，以後才會過好的生活。」

這句話一直烙印在我心裡，

原來，要用過好的東西，才知道什麼是好的生活啊！

所以我想這也是為什麼，小學寒暑假跟團出國時，

母親都會跟旅行社說，我們一家是「四個大人」，而不是兩大兩小。

我跟弟弟都要有自己獨立的房間、也會自己準時出現集合，

我們知道要像大人一樣負責，才能享有跟大人一樣的待遇。

總之，卡通中說道「要用好東西，才過上好生活」的橋段影響我很深、很深，
從那以後，我就開始留意各種精緻或高品質的商品，
也開始堅持只用好東西——
因為我懂用好東西才會有好生活；而好東西也要好好用，才會造就好生活。

就像我喜歡頭等艙上的細節（例如睡衣，織品或保養品牌），
我喜歡到世界各地的飯店去住、去研究裝潢（例如寢具、燈光或衣櫃設計），
然後再把他們的設計理念帶回自己家，讓自己過上好生活。

懂得用好東西的人，生活自然就會變得愈來愈好，
而且如果你沒見過好東西、沒用過好東西，
想都想不到好東西長怎樣，那又怎麼能過上好生活？

6 好機會，先幹再說

小時候我的父母就讓我知道，只會給我「他們覺得我需要」的。我們家庭狀況算蠻不錯的，尤其父親在藥廠當廠長，除了衣食無虞外，每個月去幫公司業務挑新車，也變成我的樂趣，而平常的吃穿用度、生活雜物，也都大多是母親在新光三越或大葉高島屋購買的。

其他任何我自己想要的，得自己想辦法；
自己想買的東西，得自己花零用錢去買；
如果要更多，就得自己存錢或者去打工。

小學時我的零用錢一個月只有三百元，
（國中時也就不過三千元，更何況我讀的是充滿紈褲子弟的私立學校）
如果我的帳本只有紀錄兩百五十元的消費，少了那五十元的去向，
下個月就剩下兩百五的零用錢。

因此我真的很討厭記帳，更討厭買不起我想要的東西。

所以小學時，我甚至會走上三公里的距離，就為了省下八塊公車錢，
因為我知道如果想要得到一樣東西，就要去想辦法、就要付出代價。

讀國中時，網頁設計比賽得獎後評審跟我聯絡，
他給了我機會去廣告公司當助理，所以我十五歲就開始打工了。
我每天下課後過去，從蘆洲到台北市信義區，橫跨整個台北市，
一天只能拿到三個小時的薪水，那時候的時薪只有六十五元。
一開始沒人知道我能幹嘛，老闆又剛好去國外出差，

因此我就足足收了兩個月的辦公室垃圾。

我沒有抱怨、沒有懷疑為什麼該做這個，因為有人叫我做我就做。
直到有一天公司大頭們開會，助理叫我去星巴克買咖啡回來，
整個會議室三十多個人的咖啡，沒有人跟我指定想要的口味，但我全部都買對了。

因為我平常收辦公桌下的垃圾時，都有紀錄大家咖啡杯上寫的品項，
於是那天我到星巴克就拿出我的筆記本，請店員照著做給我，
那天是我第一次自己花錢喝到星巴克，
而也是因為那次，全辦公室都發現我很好用，
只要一句話交代給我，就能把事情做好。

幾年後當兵時打工練就的功夫，
也讓我足以觀察出長官、學長以及參訪者的喜好和需求，

這對我之後在工作上有很大的幫助。

抓住每個機會，不要懷疑自己正在做的事情，
價值是自己給自己的，
與其花時間抱怨或懷疑，不如先幹再說！

法語錄

想做好一件事情，要自己找到樂趣，不能單靠毅力，
而是要從努力的過程中找到樂趣，更要清楚追尋目標的意義，
否則枯燥乏味的過程，會很令人喪氣。

7 第一桶金，是拚出來的

承上篇，在廣告公司當助理幾個月後，

有天老闆問我，願不願意自己做個案子當練習？

我開心極了，半夜不回家去誠品翻工具書，

買不起就當場看一看，再抄下來回家試著做。

一個星期後，我主動把完成的案子交給老闆，老闆沒說什麼，

但隔幾天他跟我說，我提案的內容被客戶選上了，

問我需要多少人才能把網站完成？

當時我直接在瀏覽器上輸入網址，給他看已經做好的樣板，

在那之後，我就有接不完的案子，自然第一個一百萬就來了。

有趣的是，和有些客戶合作時，讓我學到了不同面向的專業技巧，例如當時新娘秘書和彩妝師開價都很貴，不像現在半路出師的學生都能用低價搶客。

我有一個客戶是個體戶，他居然願意砸大錢做一個頂級網站，因此我跟他合作期間，從他身上學到了化妝和設計造型的專業知識。

我們後來甚至變成好朋友，他需要我時，我也會去幫忙當助理。也因此到了我念大學的時候，已經能在學校社團教學生美妝保養，甚至還有其他大學跨校邀請我去講課。

這兩件跟美感有關的事，不只讓我在十七歲就賺到第一桶金，很幸運地直到現在，仍是我最大的興趣。

8

中學時期，徐匯中學教會我怎麼做生意賺大錢

讀徐匯中學的時候，學校每學年都會辦慈善園遊會。每個班的學生都會和家長、老師一起籌備，之後把賣吃的或賣喝的所得款項全數捐出，只有排名前三的才有機會退回成本。

這本來只是一個善舉，但是學校的一系列獎勵（賣最多園遊券的班級可以放公假一天、營業額最高的可以退回一半收入、營業額次高可以穿便服上課一天等等），對學生們來說非常誘人，所以每班都會想盡辦法在園遊會的時候拚命。

當時我的高中老師是楊雅芳，她真的很有本事，

在她的指導下，我們班的業績一直都排名在全校的前幾名，輕易都能做兩到三萬，我心想：「既然都有機會第一名了，那就一定要贏。」

於是我提出一個想法：先讓大家預購飾品，在園遊會當天完成交易衝業績。只記得我用本金兩千元，去台北後火車站批發街批了一些飾品，飾品批回來後，我就在班上讓同學作預購，但喊要的人得付全額現金給我。

我挑貨的眼光當然是不用懷疑的，所以生意非常好，加上用預購促銷，因此消息很快就傳開，不只班上同學會買，很多別班同學也一下課就到我們教室挑飾品預購，就這樣從兩千元的本金，錢滾錢到最後，變成可以單日成交達四萬元。

收了現金後，我就再用班上名義去買園遊券的點數，然後灌進我們班的業績，當時我一個人最高可以做出一天八萬多元的業績，不用說當然是第一名。

這件事把我自己搞得很忙，天天下課後去飾品批發街訂貨、看新商品、拿新樣回來，最高紀錄是囤了價值大約十萬元的貨，但也很快地就賣掉了，那家店的老闆娘，後來跟我成為感情很好的朋友。

有些我想自己設計的飾品，她都會找適合的工匠幫我完成，甚至貴金屬和寶石，也能幫我做專業加工（我手上戴的鑽石戒指檯面，就是老闆娘幫我做的。她懂我喜歡的樣式，會做到我滿意為止。所以我有時候會去買品牌裸鑽，放心地交給她處理）。

高中園遊會那次，我拚了命做生意，但沒想到賺錢這件事，

只是單純喜歡贏的感覺，這就是我的性格。

現在做哩程社團也一樣，

不賺錢也沒關係，我就是想贏。

9 Misia——我唯一的偶像

其實我這輩子沒有什麼太喜歡的偶像或明星，除了日本歌手米西亞（Misia）。
誰會還記得自己國小的夢想，直到長大後能夠認真實踐？
米西亞就是這樣的人。

我很欣賞她不放棄、說到做到的決心，
十一歲的時候就決心當歌手，立志一定要在二十歲以前出道。
（後來她在十九歲正式出道）
高中時參加過許多選秀會，雖然不斷落選，她還是沒有放棄！
直到十七歲高中時，向黑人聲樂家學習發聲並訓練後，歌唱功力更大幅進展，**能唱出完美的五個八度音**。是少數能美好詮釋黑人R&B的女歌手，被認可為日本第一靈魂歌姬。

對比之下，華人演藝圈什麼時候新聞最多？嫁入豪門、被家暴的時候，不然就是被偷拍、交新歡的時候。通常這樣的新聞出來後，附帶的就是某某某新片要發了，或是某某某新戲要上了，長久以來幾乎都用這樣的虛偽手法宣傳。製作這些假新聞和收看這些假新聞的，明明都知道是假的，真是太荒謬了！

再來看看米西亞，我最佩服的是她很努力，每次出片都不靠行銷不靠包裝、沒有誹聞也不靠外型，就是單純靠唱作實力。

一個人就算努力、有實力、堅持不放棄，我還是必須殘酷地告訴你，這樣都不夠。

因為沒有運氣加持，也一樣不會有成就，
但如果連努力都沒有的話，你根本就還沒開始，失敗也是註定的。

我從小聽到她的歌到現在，聲音一直都沒變（反觀台灣的藝人身材走樣、臉垮掉、聲音壞掉，長相要帥也贏不過大陸，聲音要好可能輸給馬來西亞），
這一代的年輕人不一定知道米西亞，
但強烈建議一定要聽這首神曲《Everything》。

法語錄

機會隨時都有，但是沒有實力，
機會永遠都不會是你的。

10 搞清楚，事情才會做對

小時候，我們家如果要去遊樂園玩，不是去小人國就是六福村，大多是有人生日的時候才會特別去。

但有次暑假期間出國回來後，真的太無聊，我跟弟弟就一直吵著想再去六福村玩。

記得爸爸當時開出了條件：暑假作業先寫完，答應完成了就會帶我們去，而我們兄弟倆當時真的辦到了。

於是某天爸爸下午回家後，叫我和弟弟上車。

他說：「走，我現在就帶你們到六福村！」

那種突然而來的驚喜，我到現在都還記得那瞬間的巨大快樂！

但是，不對，怎麼會下午才出發？

當時老家在五股，還記得爸爸開著紅色的凱迪拉克。

奇怪的是，車子沒有上高速公路，反而是轉進五福路。

爸爸笑得很開心說：「下車吧，六福村到了。」

我：「六福村？」

爸爸：「對啊，這裡就是六福村，我們買雞翅回家吃吧！」

我：「買炸雞？」

爸爸：「炸雞翅最好吃喔！」

我：「………」

原來爸爸沿著五股的五福路開，一直開到最底的盡頭。

當年那邊的確叫做六福村（現在改叫六福里），有一家炸雞攤。

原來爸爸說的六福村是那裡。

我到現在都還記得這種失落和不應該——
個人自認的玩笑，可能會使別人留下巨大的陰影。
而或許這就是社會上本來會遇到的事情吧！

即使後來，爸爸真的帶了我們全家去六福村玩，是真正的六福村。
可能為了彌補小孩曾經的失望，還幫全家辦了年卡（那年去到很膩……）
但是我對爸爸的信任，都留在那個六福村炸雞攤了，
以後他說的事情，我總是會保留空間。

從這件事，我得到最大的教訓就是：
很多事沒有講清楚、問清楚，就可能拿到不對的東西，
搞清楚問題的核心，事情才會做對。

11 當「哩長伯」，不是我缺而是我雞婆！

我的人生算是有好好地努力生活和體會著。

曾經結婚、離婚、有一個小孩，在幾個很喜歡的國家擁有房地產，

沒有疫情的時候，一年超過兩百五十天都在國外，

房子即將都更，我就住到飯店去。

二字頭的時候，我累積的資產就足以讓我退休。

在這個世界裡到處旅行了很多年，

住了很多的好地方，跟地雷；

吃了很多的好東西，跟垃圾；

認識很多很多好人，跟妖魔鬼怪。

過去的我、現在的我，所經歷的一切美好、不美好。
都想分享給社團裡，每個和我一樣熱情探索世界的人。

搭了頭等艙後，給自己的人生下一個新的定義——
想幫助更多人體驗從經濟艙到頭等艙的美好。
也許我們常常見面，或者我們從未曾謀面，
但希望讓大部分的人都因我而快樂。

和我的社團哩民們

如果你將買東西視為投資，那就要讓投資有結果，
不管是一趟旅遊、一個商品，
有提升自己價值的具體結果，那就有意義。

FABIAN 2 "PHILOSOPHY"

我愛錢，但我更愛財富自由

1 做，就會有錢

致富秘訣其實很簡單，
只是就跟減肥一樣——就算跟你說了，不做也不會有效果。

很多人問過我，從零到上億的身家是如何累積的？
我的邏輯是：一個人沒在賺錢時，就是在花錢。
所以我不會期望找一份工時短的工作，
因為如果上班時間太短，那真的完成不了任何成就。
事情要盡可能地盡快做完，假如到一個段落需要兩天兩夜，那我就是兩天兩夜不休息，直到完成。
有經驗後，下次就應該要找新方法優化，兩天一夜就把它完成。
目標達成後，也要盡快展開下一個目標，這樣才能避免休息的時間太長。

畢竟，任何人的休息就是在花錢；
而我，休息更是花大錢（就更不該常常休息）。
所以，從十五歲開始，有了這個習慣後，
大多數人是下班就在休息花錢；我是除了必要的休息外，都在工作。

當你急著下課去網咖玩遊戲時；我會在事情都忙完後，睡前刷一下副本。
當你排開工作跑去聚餐時；我會把事情做完，深夜開罐魚子醬、香檳爽一下。
當你情緒性地選擇感情應該大於麵包時；我會選擇先把工作完成。
我的人生中沒有小確幸，

我覺得除了「選擇」比「努力」重要之外，事情的先後順序也很重要，
遞延享受才能獲得更巨大的滿足。
而不是一個不爽，就先花錢買享受，
應該是要攢到很多能量，再去換你想要的任何東西。

工作的頭兩年，我就為自己賺了第一個一百萬，
說真的，如果你跟我一樣拚，怎麼可能還沒有存到錢？
嚴謹自律多工快速完成，是我的致富祕訣之一，
也是我在休假的時候，可以爛在頭等艙上吃鵝肝、看卡通的資本。
目標正確外還比別人堅持，你想要的豐碩成果自然會來。

聖彼得堡機場貴賓室

2 懂花錢，促使我更想賺錢

我努力工作、存錢投資，
為的就是能夠過隨心所欲、想要的生活。

我賺得愈多、也花得愈多，
從零到上億以後的數字跳動很快，
懂得花錢這件事，讓我更想賺錢、更會賺錢。

在泰國讀EMBA時，只要有大節日，台商們都會抱怨訂不到飯店，
卻好奇為何我總是能訂到房間。

原因很簡單——
五星級飯店的總統套房，一定會有房間。

有重要的活動時，
不是指定的那幾家五星級飯店我不住、不是最好的套房我不住。
重要的活動只能託付給值得信賴的飯店。
如果飯店備品是像愛馬仕這樣的精品，何須還用貼牌的爛貨，
房間內的花更要天天新鮮、時常更換樣式。

我下榻過曼谷索菲特飯店數十次，
每次入住都被飯店的細心感動（他們總是記得我的喜好），
我願意真金白銀花大錢入住，飯店給的禮遇和照顧自然就會有。
每次的出差都可以當成大休假，邊工作邊享受，
我一個人的花費，可能是一般人蜜月旅行的好幾倍。

錢是流動的，你會賺會花，錢才會再流回來，

更何況我的大前提是因為我愛工作。

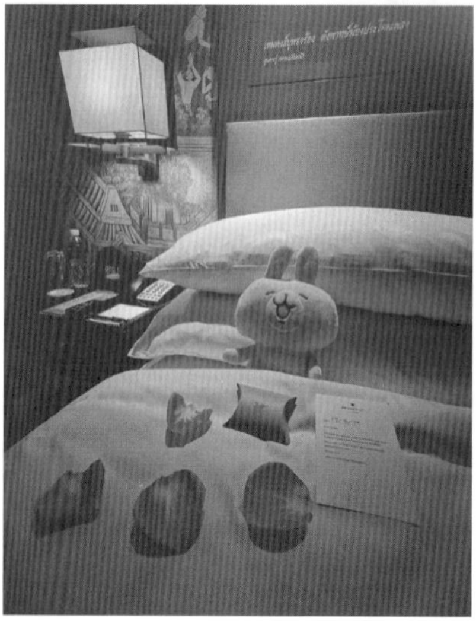

每次入住曼谷索菲特飯店都被兔兔包圍，讓我好感動！

3 賺錢的機會在哪？

根據經濟部統計，餐飲業在五年內倒閉率多達八成，

而其他同量體的，也不見得在初衷上不斷專精，

更少的人可以像我一樣，靠漸漸累積的財富，穩住品牌的路線。

有的人就會問：

「為什麼同樣的年齡或年資，我卻只能一直當打工仔？」

「為什麼我也每天做到半夜，卻還會創業失敗？」

從這件簡單的事來看就好：

「從餐廳一樣的位置，透過玻璃往窗外看，路上經過一對臉上帶著笑的情侶。」**我的員工往往只覺得那是經過的路人；我卻可以馬上察覺那是想要進來的客人。**只要推門出去邀請，他們就有很大的機會可以變成我的常客。

重複的事情每天都在發生，其實成功就是累積每件對的小事情，而我總是能在生活裡發現商機、抓住商機。

但是我看到太多太多的人，並不知道自己每個當下**「該做」**什麼事，都只想著自己**「想做」**什麼事，但連自己**「能做」**的事情都沒做好。

如果一個人只懂得餓了吃飯、累了睡覺，對自己的人生沒有任何要求，捫心自問，這樣跟動物有什麼不一樣？

不管做哪種工作，如果都只是找個「工」做的心態，

而不是把每份工作當成自己的事業、不是把自己當成一個品牌在經營，
久了以後，你就會說服自己「我只是一個打工的人」。

然後從年輕做到老，你就只是一個打工的人，
從年輕的打工仔，變成一個老工人。

法語錄

其實機會每天都在，
但是如果你沒實力，這一切都跟你無關。

4 花錢換享受，因為心中的美好無價！

每年我總想做些事情，來當作我的年度里程碑，
而二十七歲那年，我突然想在台北買房子放購物戰利品（辦公室真的被淹沒了）。
當時我的房屋仲介經過幾個月努力後，
他真找到一切符合我要求的標的，
我也兌現諾言購入了一間信義區老屋子。

既然是老屋子，重新翻修肯定是必要的，
但當我耗資百萬裝潢到一半時，
鄰居來敲我門告訴我，大家幾乎都同意都更了。

當時我雖然覺得可惜，卻不想當釘子戶破壞大家的美夢，就也簽名同意了。

那我要搬去哪呢？

左思右想，我真的好懶得再買一間房子、花大把時間裝潢，也不想面對得再找人打掃房子的困擾，於是我決定長期住在飯店，也許兩年、也許三年、也許一輩子，沒有設限。

雖然要長住，我並沒有向飯店殺價，也沒有要凹他們任何優惠，只要價格比一般散客入住還優惠，財務上覺得過得去就好。我個人倒是很詳細詢問每天送洗衣物的件數、打掃細節，這是我所重視的服務。

很多人都覺得長期住在飯店很浪費錢，已經有太多人問我為什麼這麼做，幹麻不再買一間房子就好？

我的經紀人是第一個聽到這件事的人，她一臉不可思議地問我：

「法比安，你為什麼要每年花幾百萬住飯店？好貴！」

我是真心不覺得貴，

幾百萬怎麼會貴？在信義區這個地段可能只能買到兩坪，

再扣掉公設只剩一坪多，根本連廁所都買不起。

為什麼不覺得貴我再算給你看，

如果以買附近的建案來算，當作購買地上權住宅七十年(註)，

假如使用原價住行政景觀套房，七十年要四億六千萬。

平均每年六百六十萬（但我並沒有要在這住這麼久，不需要租到七十年）。

而這三年如果每年要六百六十萬，

那個連廁所都買不到的錢，我能換到不用煩惱打掃、洗衣、吃早餐這些瑣事，

每天還隨時有人服務以及晨喚，樓下又有各種五星級美食隨時可吃，到哪找那麼好的社區，怎麼會不划算？

我願意花這筆錢換享受，

這樣的美好在我心中，無價！

註：地上權住宅：指政府出租國有地給建商，租用年限五十～七十年不等。

5 你現在花的一塊錢，就是將來的十塊錢

我或許會在大衣上花大錢買名牌、買耐用的款式，
但是每天替換的襯衣，絕對只遵循有質感、適合我身線的剪裁即可。

大家常看我穿某牌的花襯衫，其實那個品牌在葡萄牙很便宜，
甚至在英國我也常常可以買到，是比台灣快時尚又便宜的有機棉襯衫。
它雖然是成衣，但剪裁幾乎是為我的厚身版量身訂做，
所以每次我有機會去到英國或葡萄牙，都會直接請店家買兩打。

大家以為我總穿那幾件襯衫，但其實是有很多件風格類似的，

這已經是我個人很明確的風格。

就像我去法國買皮草一樣，遇到適合的就一次買一打，台灣天氣不適合穿，索性就放在國外的辦公室。

而且當我買一打時，正品加上送的秀款箱包，換算成台幣的總價值，其實總額大概只有當季台灣購買的對折，這叫我怎能不愛？

總之，當我知道某品牌或路線適合自己、穿起來很好看、很體面而且尺寸很準確，現場服務的業務熟悉我的身型、介紹的款式都對，我就會留下業務的聯絡方式，甚至辦一張簽帳卡給他或預存一筆金額。

我在世界任何角落都可以下單，有機會去的時候再取回，如果很急著要，對方也會幫忙郵遞到我國外的住所。

我不追求時尚，但搜羅一切適合我的美好。

我不接受分銷策略或排隊，
就像我買跑車都沒在等，買衣服為什麼要等？
儲蓄存款讓人遞延享受，
而當你在享受的時候，就要當下好好享受，不要隔靴搔癢！

熟悉我的朋友也都知道，我慣用的皮夾和皮箱，都是訂製有我名字的箱包，
它們不貴，但是對我來說很有意義。
喜歡某些品牌的理由也很簡單，因為他們從不打折，
經典好品質，沒有折扣的必要。
總之，好東西不一定貴，但很貴的好東西就是有它的價值。

重點是，我買得起喜歡的東西，而你也應該為你喜歡的東西努力。
我不借錢也不分期付款，我不會預支未來先享受，
謹慎理財信用至上。

我搜羅一切適合自己的美好！

6 討厭記帳的人其實也能致富

我覺得現在的年輕人窮得活該，用一堆錯誤的理財方式懲罰自己。
你以為強迫自己記帳就會發財了嗎？
你以為發財之路一定要走得很痛苦嗎？
那你為了賺錢累積的痛苦，將來還不是會用自己的錢去彌補？

一個人如果沒有搞懂自己的喜好厭惡就亂花錢，賺再多的錢也沒用。
當我要花錢之前，一定會想清楚：
「買這個東西有沒有必要？」
「如果不是必要的，但將來可能會用到，現在購入划算嗎？」

如果是，就買了，夏天買聖誕節裝飾品的邏輯就是這樣。

要知道，在投資市場上，追求確定的七成報酬是有困難的；但是在消費上，購買時機點對了，就可以在交易當下立刻得到七成的利潤，等於你的錢被放大了70％。

如果每次必要消費都能節省30％甚至70％，已經勝過很多人每年只有10％的投資報酬率。

所以錢進來的時候，我就已經確定我可以使用的比例，然後花錢的時候，不過量、確認是「當時」最划算的即可。

所以我不記帳、但是我對自己的開銷負責，我有能力、有信心去賺取我要的。

順序搞清楚，人生就會輕鬆快樂。

7

花錢要開心，你才會開心賺錢

我從十五歲開始打工賺錢後，一直維持財務平衡的習慣。

舉例來說，**如果我賺了一萬塊，只會花掉三千塊。**

也就是說，我只會花掉收入的十分之三左右。

事後我就不會記得花了多少錢；

也不會去記得我還有多少錢。

因為花錢是要開心的，我不要看到帳單還憂心忡忡付不出來，

因為存錢是要開心的，我不想錢賺進來還苦逼自己分割用途。

就像一個很有智慧的導遊，曾經對我說過：

「一個旅行團可能來自不同旅行社、可能每個人團費不一樣，所以如果團員間一直互相比較，一定會有人開心、有人難過。也就是說，一趟旅程假設七天，有人爽七天、就有人苦七天，這沒必要。所以我們在付錢那刻，就該忘記付多少錢，好好享受這七天就好。」

這位導遊非常有智慧，小時候跟團聽到這段話後，我的理財觀念就變了。

我們應該在賺錢之前，想清楚自己的價值，然後奮力去拚；我們應該在拿到錢的時候，規劃好要怎麼用錢；我們應該在花錢的時候，確認當下的承受度以及價值感。在那之後，只管享受、準時付款、忘記過去，你才會有動力開心地再去賺錢。

就像國一時我想要一支防水錶，
爸爸就買了一隻勞力士給我，但我在住校時搞丟了。
當時我也想要項鍊，但又覺得市面上賣的都很醜，
於是爸媽去打了一條白金項鍊給我，結果也是在學校不到一個月就被偷走。
在我想擁有的時候，我會堅持自己想要的，所以我擁有的通常都是最想要的，
但就算這個東西消失了、損壞了、被偷了，也沒有關係。

我相信好的東西一定會再遇見的，
而我一樣會努力去爭取、去擁有。

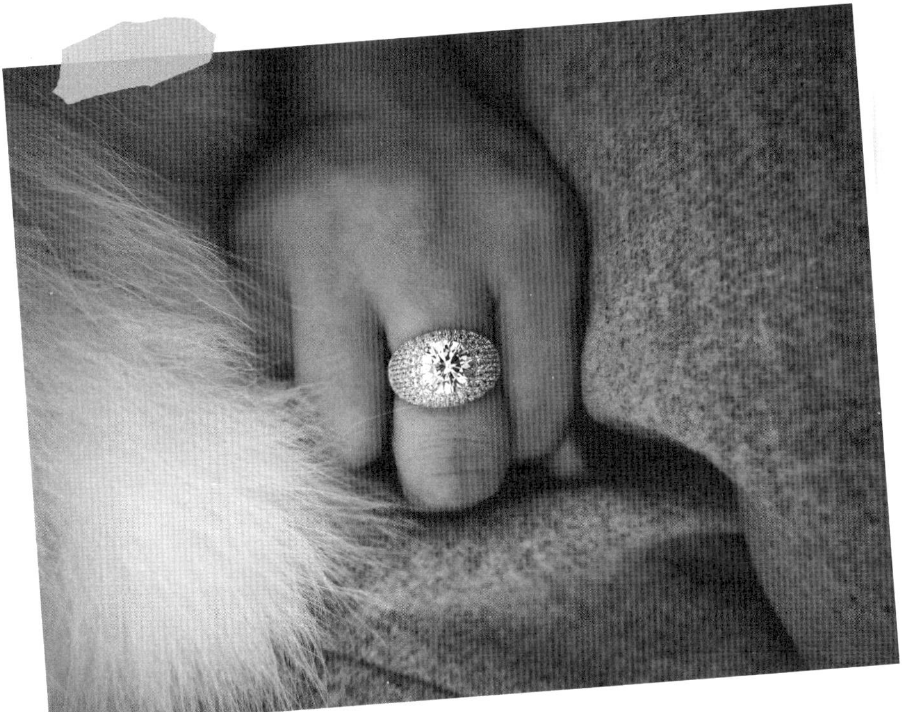

努力賺錢、努力去擁有好東西！

8 你的硬實力是……

我有一個很簡單但有點奢侈的興趣，
就是喜歡在世界各地住飯店，然後讓家裡的設備跟得上飯店。
喜歡這個飯店的床，就把家裡的床換成相同品牌；
喜歡那個飯店房間的光線設計，就找設計師把家裡的打掉重做，
把喜歡的這些美好都收藏回來，讓回家是很快樂的事。

在日常生活裡，大家常常搞錯了生活的意義。
如果在飯店用的Dyson吹風機讓你念念不忘；
但家裡用的是夜市買的幾百塊難用吹風機，不覺得本末倒置了嗎？

或者家裡的音響，除了會發出聲音外沒有任何特色；
卻喜歡飯店的Bose環繞或者B&O音響，那也可以考慮做一下升級了。
不要總是在生活中過得很清貧，到飯店卻想要上天堂。
飯店是home away from home，那你自己真正的home呢？

教大家怎麼轉移消費、聰明持卡、拿到最好的哩程優惠也是一樣，
有些錢本來就要花，用正確的知識轉移消費，
讓你在花錢的同時得到最多哩程，開啟奢華旅遊的無限可能，這不是很好嗎？

你可能會問，什麼都要用好的、用喜歡的，
要不要衡量自己的財務能力？
當然要。
我的建議就是你該認真工作努力工作，換來相對應的財力。
所以我很討厭分期付款，

當我在百貨週年慶買的保養品無息分期六個月，
而那一罐五萬元的面霜只能讓我用三個月，
我都用完了、空罐子都丟了，卻在帳單上一直看到它的痕跡，
好像一直提醒我：「我很貴，你付不完。」
那我花錢不開心，又怎麼會開心賺錢。

你的硬實力應該是：放心地去刷卡，買你能負擔的、喜歡的東西，
不用想太多，享受你個人的財富自由。
而不是在購物的當下膽顫心驚，收到信用卡帳單時像看鬼片一樣恐怖，
那花錢就失去意義了。

更不應該跟著邪魔歪教，在第一年辦卡拿盡好處後，
凹銀行隔年要剪卡換免年費（其實這招是沒用的），

你的人生要追求的是卓越，不是免年費啊！

這是我家，
我喜歡把飯店的設計帶回家，好好享受。

9 財務危機來臨前，提前做好準備

我相信你媽媽應該不會在梅雨季節硬要洗被單，
而是會在一兩個月前就洗好、包好，在需要的時候可以舒服地換上。
我是如何面對「壓力」這件事？就像梅雨季節的例子，
我認為壓力其實就是源自於——沒有做好準備。
不論是公司的運營，或是人生大事買房、裝潢，
向來我都會提前準備好所有事情，
人生每天都是現場直播，你沒有機會排演，更沒有從頭來過的機會。

這個道理我很小就知道，當我習慣後，自然不覺得有壓力。

就拿買房這件事來說，當我想要在台北置產時，就拿出一本規劃多年的小本本，裡面早就寫滿我喜歡的設計風格和元素筆記，甚至是找哪位設計師操刀。所以我就可以立刻、清楚地跟房仲告知目標，請他們慢慢搜尋。業務為了自己的榮譽跟績效，不用你頻頻催促或急得跳腳，有了適合的房子自然就會積極跟你合作，重點是你要先給獵人確定的目標。

因此當我簽下房子的瞬間，就已經準備好裝潢的所有細節，讓設計師可以馬上開工；又當我知道房子要都更時，就積極去找下一個房子或解決方案，以致房子還沒開始拆除，我就已經妥善準備好下一個住所。

而這些資金來源，其實也不是我一開始就特地預設用途的，

就像搭飛機時，在高空中失壓掉下的氧氣面罩，
那些錢是我早就備好的緊急預備金，或是我本來就足以支撐的開銷。

我事先規劃好、準備好，才可以在危機或欲望來臨之前，
把「危機」或「欲望」，變成推動你成就某件事的「機會」或「動力」。

秉持著量力而為但是盡力到底，
所以我才能一直得到我想要的東西。

我總是想著，這間房子已經住得很舒服了，但下一間一定會更好。

不管在哪個城市、買的房子新舊，
每一間我都要拆掉重新設計，裝潢成我愛的樣子，

好的還要更好，把 Bug 修正成 Better！

10 二樓和八十樓的風景絕對不同

一樣的三十五歲，有人自我要求九九六（註）；
而有些人只關心工時跟休假、通勤距離太遠。

一樣的二十五歲，
人家遇到菁英說的是：「我想學可以教教我嗎？」
而有些人說的是：「喔，我知道……」

註：九九六是一種工作制，指早上九點上班、晚上九點下班、一週上六天班。

不是說不能在乎休假，
而是你不能「只」在乎休假，更不能「先」在乎休假。

因為如果你想成功，就要努力去做到該做到的；
努力做到該做到的之後，再去想有什麼是你想做到的，
持續維持這樣的正向循環，累積能量、習慣卓越，再去完成新的任務，
那你就可以成為領導者。

如果你十五歲就開始做二十五歲該做的事，
然後等速堅持下去，也能在三十歲之前財富自由，
而且不是清貧的財富自由。

但現在一堆二流員工只想休假、二流老闆只想給低薪，
眼光不夠長遠，所以永遠只是不入流的二流。

裝睡的人叫不醒，只能 Let it die.

位子不同、眼界不同，關心的事情自然也不同，

拜託你們一定要學會向上爬，

每個人的能力不同，但我很確定的是，

八十樓的風景和二樓的風景絕對不同！

法語錄

對成功的人沒有請教的虛心，也沒有改變自己的決心，

你還能是什麼，就是一個 Loser！

11 財富自由，這三件事要平衡

市面上很多書都在講財富自由，我也常常被問到這樣的問題，而我的邏輯是這樣的：

認清自己比什麼都重要，如果想要財富自由其實不難，就是賺錢、管錢、花錢這三件事要平衡。

1. 你怎麼賺錢？

如果你是製造業或論件計酬的行業，就得用速度與品質換錢。例如焊接一塊板材別人要花五分鐘，你能練到兩分半完成，且品質穩定，你就有資格領到比別人更多的薪水。

而省下的時間要不就是多賺錢，要不就是老闆看到你的績效比別人好，一段時間後，如果你還是這麼優秀且與眾不同，老闆自然會主動請你擔任薪水更高的管理職。

在辦公室的白領階級，也可以套用以上的道理，同樣的企劃案，別人得修改五次才完成，你卻一、二次就可以達到老闆要求的品質，簡單來說，有能力的人老闆不會不用，能在各行各業比別人精準、比別人快，就達成第一步了。

2. 你怎麼管理錢？

得先搞清楚一件事：沒有存錢能力的人不要妄想投機獲利，如果你是一個賺十塊錢就花十塊錢的人，這本書你真的就不用看下去了。有風險性質的投資，本金一定是來自多餘的錢，所以如果你沒有多餘的錢，不要只看到別人好、也不要想投資。

只看到別人玩股票好像很好賺，但或許那是因為已經交了很多學費，也準備好更多的資金去面對市場波動了。

那你呢？

連水母漂都還不會，就想跟別人去海上玩衝浪，你的結局就是淹死！沒了。

3. 你怎麼花錢？

花錢的藝術就是把一百元花出一萬元的價值，

這部分我應該講得很多了，看完這本書你應該就很懂。

簡單來說，就是有沒有認真蒐集資料再花錢，並且在花錢後相信自己的選擇，不要再往回看、對自己的消費有信心，你就花得會開心。

相信我，

把這三件事好好做到平衡，你就能財富自由。

FABIAN 3 "PHILOSOPHY"

我工作最強的，是細節！

1 論命：沒有公主命不要有公主病

覺得客戶要求很多、主管太囉嗦的時候，
是不是該檢討自己的標準可能設得太低了，
才會需要別人花時間來提醒自己的不足。

客戶和老闆不見得永遠是對的，
但自以為是地忽視客戶，或跟老闆對幹時，這絕對是錯的。
也就是說，**別人不見得永遠是對的，**
但忽視所有人，這絕對是錯的。

你不喜歡老闆唸你，老闆更不喜歡唸員工好嗎？
屁孩整天在那邊我媽說……我爸說……，真的很母湯。
你有家人，同事就沒有？你人生父母養，同事就沒有？
人家要擦地板你就不用？人家要洗抹布你就不用？
長相像奴婢、手腕像宮女，還以為自己是公主，
沒有公主命，還在那邊一堆公主病。

法語錄

有時顧客真正購買的不是商品，
而是解決問題的辦法。

2 沒事走三圈，就算沒變有錢也能變瘦

我常常跟朋友和員工說，上班時的情緒一點都不值錢，如果真的做錯了，非要下跪才能解決問題，讓我去跪都沒關係。真的錯了趕快改、沒有錯也不要自艾自憐，繼續努力就對了。**為什麼要生氣？沒有任何幫助，不要浪費時間在自己的情緒債上。**分享一個常常提醒自己要更強大的故事。

在古老的西藏，有一個叫愛地巴的人，每次和人起爭執很生氣的時候，就以很快的速度跑回家去，然後繞着自己的房子和土地跑三圈。

他工作非常勤勞努力，房子愈來愈大、土地也愈來愈廣。但不管房子和土地增加多少，只要和人爭執生氣了，他還是會繞着房子和土地跑三圈。所有認識他的人，心中都很疑惑，為什麼一生氣就要跑三圈。但是不管怎麼問，他都不肯說。

直到愛地巴已經很老了，也已經是當地首富，擁有廣大的土地和無數房子。但若是又跟別人爭執生氣了，他還是依然拄着枴杖、艱難地繞着土地和房子走三圈。只是這時候的他好不容易走完後，太陽也下山了，他累得坐在田邊喘氣。有天，他的孫子懇求他說：「爺爺，您可不可以告訴我，為什麼一生氣就要繞着房地跑上三圈？」

愛地巴禁不起孫子懇求，終於說出隱藏在心中多年的秘密，他說：「年輕時，我一和人吵架、爭論，就繞着房地跑三圈，邊跑邊想，我的房子這麼小、土地這麼少，哪有時間和資格去跟人家生氣！一想到這裡，氣就消了，於是就把所有時間用來努力工作！」

孫子又問：「爺爺，那後來年紀大了，又成為村子裡最富有的人，為什麼還要繞着房地走三圈呢？」愛地巴笑着說：「我現在會邊走邊想，我的房子這麼大、土地這麼多，又何必跟別人計較？一想到這，氣就全消了！」

看完這個故事，每個人得到的滋養都是不一樣的。
期待有更多人在人生裡，超越許多自己的不可能。

失敗時要想一想：自己哪裡還做的不夠。
成功時則應該想一想：有哪些人幫助過我呢？我應該怎樣去感謝他們？
常抱一顆感恩的心，遺憾和痛苦都會遠離你。
而且如果好好學習愛地巴，這世上還有胖子嗎？

3 論對手：不是什麼人都配做你的對手

獅子不會回頭聽狗吠。

那些整天造謠生事的破嘴狗，就只會躲在暗處傷人，

要叫就叫吧，有人愛聽牠就越愛叫、就會吠得更有模有樣。

你要懂得畜牲畢竟不是人，更甚者還有人鬼殊途。

真正厲害的人，不會因為一些無足輕重的小角色受到影響；

偉大的計畫，也不會被小干擾而停滯或亂了腳步。

獅子不會與狗鬥，真的要出手，也要與虎爭鬥。

要常常提醒自己，永遠都還有進步的空間。
不是什麼人都配做你的對手，除了自己。

法語錄

不願意成長的人，心中只會有負面和忌妒。
即使有機會帶著他上高處看風景，他都會懷疑，
二樓怎麼可能那麼快就到八十樓？

4 論本質：想想做事的順序和出發點

我常常教育員工，對的事情要用對的口氣、在對的時間點說，才會有正確的效果，人生是乘法，而且它不會負負得正，這幾個要素只要有一個錯了，就全部錯了。

舉例來說二〇二〇年疫情期間，有一些沒事惹事的網紅真的很瞎，為了蹭流量，把好事用錯的方式、錯的順序去爆料，一心想博人眼球，使某飯店遭受無妄之災。

願意當防疫旅館的，明明好人一枚，

為什麼要承受莫名的謠言變成罪人？

這間飯店只是計畫訓練員工，並且跟關傳局做壓力測試，根本還沒開始談合作細節，網紅卻只想著自己要賺錢，不經求證就散播出錯誤消息。你可知道有多少婚宴和重要活動，因為這樣急速取消，害很多新人無法順利舉行婚禮，還讓飯店掉數千萬業績。

專業的我說給你聽，首先從公關角度來說，飯店一開始並沒有確定要轉型成為防疫旅館，只是把它納入考量，即便真的要轉型，也會在事前和客戶做好聯繫，但是因為消息公布的順序不對，在還沒已確定轉型前，就被人用爆料的方式道聽塗說，導致客戶感受很差，一切都來不及了。

接著從防疫安全角度來說，就算真的變成防疫旅館，遵照疾病管制署的規定，動線分離還是可以部分樓層做營運，飯店和主管機關，自然會協調出安全的使用空間，這些都不懂就輪不到你靠北。

就像我前幾天好奇，
航空公司為什麼不讓偽出國的乘客買免稅商品，趁此多賺一筆不是很好嗎？
機場的回答是：「這樣可能會和入境的乘客接觸到，然後交叉傳染。」
那我就秒懂了！

所以有些事情，不是一般人表面看得那麼簡單，
自己沒搞清楚，就不要捕風捉影無限上綱。
大家安居樂業，跟著主管機關的規定就好，
政府有政府的工作，這社會已經很亂了，
幫幫忙當個好國民可以嗎？

5 論態度：工作到位才休假，可以嗎？

認識我的人都知道，我沒有在分上班跟休假，我的人生就是我的人生，不靠外人來界定我該做什麼，這就是我的日常。有次聽到年輕人酸著說：「十萬青年十萬肝，肝肝相連救台灣」，我心中就想著，這社會怎麼了？

以前的年輕人把放假當成是種小確幸，事情沒做完根本不敢申請排假，甚至年底得用一堆放不完的假折算工資。而在那個年代假沒休完也是一種恥辱，代表沒辦法在承諾的時間內把事情完成。準時下班跟休假一直以來都很重要，但前提是要把事情做好做完。

可是現在一切都變了，員工把放假當成沒得商量的權利義務，
小朋友都覺得「工作做好了沒」是其次，把放假看成最最重要的事。
是的，休假真的很重要我不否認，
但是工作沒到位只想著休假就不應該，
不然等到工作沒了，休一輩子好了！

法語錄

不願意努力，又一天到晚抱怨老闆機車、客戶要求太高的人，
該成長的不只心靈，
你還要認清自己，根本是長不大的巨嬰。

6 細節戰勝一切——我看上海航空

我們早已不將飛行經驗當必需品，而是奢侈品。

二〇一九年受東方航空集團邀請，搭乘上海航空全新787客機前往上海，讓我最驚艷的除了突飛猛進的服務外，機艙細節已經超乎我想像的用心。

舉例來說，

座位上方的行李艙打開後，在門托處有一個隆起的彈性軟墊，一問才知道，這個軟墊可以防止行李被艙門的接縫，或突起的螺帽外緣刮傷。

過去我訂製的隨身LV行李或大型的皮質購物包，

就是這個軟墊，展現出對岸的軟實力。

常常在拿取的時候被刮得亂七八糟。

（有的航空公司行李艙內，甚至會有不明液體弄髒行李）

我一年平均起降數百次，這是我第一次看到這種設計，

所以對這個細節以及行李艙的清潔程度，感到很感動、特別開心。

但是，看到這個設計的同時，我也感到很憂心，

問了幾位空服員朋友，他們家都沒有這種設計。

而如果我們一直先入為主地看不起對岸軟實力，

或許早就已經輸在自己的世界裡，只是我們都還不知道，

而這些就是人家細節持續在精進的證明。

同時，這次短程的豪華商務艙體驗，在客服方面也令我印象深刻。

即便飛行時間極短不到兩個小時，空服員得知我有興趣想要了解相關硬體，

出動了三位組員為我解說、示範如何使用，

全程都是發自內心的殷勤服務，沒有絲毫不耐煩。

體驗過程中，我還發現上海航空787的豪華商務艙座位配置，甚至與其他同機型的頭等艙一樣寬敞。

巨幅螢幕用起來非常流暢，硬體部件也是優化過的，使用上很滑順（不像有的航空公司，機艙門會卡住影響起降的安全），而有些航空公司，還需加強硬體維護才能趕上了……

這一切只證明了，人家在進步，而且細節都顧到了。

不過，東方航空集團在多媒體體驗以及餐食部分，當然還有進步空間，（例如餐食是具有中式特色的料理，可能不符合國際潮流）但至少他們開始在求進步了，而且注重細節的程度真的太驚人。

或許我們總是能輕易看到別人的不足，而不願承認對方比較優秀，

但事實上，當我們與競爭對手在同一個舞台上比賽時，做比較的都是台下觀眾，
也就是說客戶是有感覺的，不是我們自己認為自己很好，就真的很好。

我們要學會客觀地看自己，
如果輸了，就不要嘴了、該努力了。

法語錄

看到別人注意到的細節，才發現已經追趕不上；
當人家在進步，我們還原地打轉，
必須承認這就是我們的退步。

7 論品牌：沒文化，這產品就沒價值

其實我一直都明白「企業文化」才是公司成敗關鍵。

承上篇，當我跟對岸航空公司開會時，

我發現不論櫃檯人員還是行政人員，即便是不用面見客戶的客服人員，

都穿著和空服員同樣的制服。

讓我回想到，即便南義天氣再熱，LV店員還是穿著全套訂製西裝，

一個配件、一個細節都沒有少。

當精神奕奕且優雅的店員，在炎熱的夏季走近時，

身上不會飄出體味，你只會聞到他們身上所散發出的——該季品牌主推的香氣。

有的屁孩這時候就會說：「這樣的規矩不自由。」
但這些屁孩厭惡的不自由，正好就是別人成功的原因。

你想，當年 LV 行李箱從鐵達尼號沉海之前，
如果沒有嚴謹的鉚釘，又怎麼能經得起多年的海水侵蝕？
而Hermès這種世界級品牌，不也是因為重視細節和堅持品質，
才可以屹立不搖數百年，且吸引全球名流爭相購買？
（當然我還是不喜歡他的分銷策略）

一個品牌要成功、想建立起品牌價值，一定要有一貫的企業文化，
再由公司整體上下齊心去落實，才會有未來。
一個沒有原則的人，處事陰晴不定，你不會與他深交；
一個沒有文化的公司，品質良莠不齊，你也不會想跟它往來。

8 論經營：不是每間餐廳都該有「商業午餐」

從事餐飲業後，常常會遇到一堆牛鬼蛇神。

有時候會想，我經營的到底是餐廳還是廟？

曾經有人打電話到我在台灣的餐廳，電話中口氣很差、很不客氣地問：

「菜單上為什麼沒有低價商業午餐？」

「中午怎麼可以沒有打折？」

我則冷靜地回覆：「如果想要點優惠的餐點，我們有折扣套餐的選擇，是單點的四折，唯一的缺點就是份量很大，因此打折後單價也不會很低。

而如果想要低價，抱歉我們沒有提供所謂的『低價時段』，因為餐點都是固定的食材成本，我不會犧牲份量或原料去動手腳求低價。」

然後他說：「那我要試吃看看，才知道你們值多少錢！」

我不想再因為跟客人吵架上電視，便婉拒了訂位，並且放入永久黑名單，此後他的來電不會響鈴、email會直接拒收。

總之對我來說，商業午餐又累又急又沒品質，

既然不是我會想吃的餐點，當然也不會是我餐廳想做的方向。

如果急著解決午餐，會選擇快速便捷的便利商店加熱食品，因為微波爐會告訴我還需要等待多久。

所以我希望你們去餐廳時，不要催餐然後一直問：「還要多久？」

請自己拎東西去微波，微波爐會告訴你還要多久、時間到了它也會嗶嗶叫喔！

10 論要求：千萬別讓自己當個廢物

來談談壓力這件事情跟失敗的台灣教育。

看看台灣多少人靠補習上名校後，一得到自由就成了廢物，而且是 Totally 廢物。

我敢說，不到一成的學生會因為挑戰性高，特別去選一門課，十個有九個都挑好混的，而九個裡有一半，根本搞不懂讀大學要幹嘛？

台灣高等教育好進又好畢業的結果，就是高中徹底解壓後，自己不懂得要求自己，就這樣爛到中年，然後怨天尤人。（高等教育教授得討學生歡心，才能獲得高評鑑。

高中生不一定得畢業，只要五個學期及格，就可以繼續考大學。這樣扭曲的制度，讓學生變成消費者一般，老師要怎麼教好學生？）

我不是社會的貢獻者，自然也沒資格說誰造成社會不進步，

但是我可能懂「本份」是什麼。

我會積極做好份內的每件事，避免做錯事情影響他人。

因為我無法確認一個小小犯錯或耽擱，會影響到多少人、又會影響多深。

你可以活得很自私，但得先盡了義務，再來大聲開口說自己要什麼。

同理，**應該是先工作賺到錢，再來想買什麼東西、怎麼享受人生？**

你可以不追求輝煌騰達，但至少要先盡自己本份。

關於嚴格這件事我倒覺得，
常常認為別人嚴格的人，一定要回頭自己想想，
是不是對自己的要求還不夠，才會覺得別人太嚴格？
有些話不用多，有些景不用說，震撼在心裡就有用。
因為有自己給的高壓，人才會真的變卓越。

法語錄

顧客的抱怨是很嚴重的警告，
但誠心誠意去處理顧客抱怨的事情，
往往又是創造另外一個機會的開始。

12 只想交出二十分的成績，就不要來亂

職場中，「有小錯不用改」這件事，是不應該的，
「改」這件事，根本不需要循序漸進的過程，
只有願意或不願意，說穿了就是個人態度問題。

開公司這幾年也看透了人性，
如果你期待人可以被感化、可以循序漸進改變工作態度，
你要不就是太閒、要不就是太傻、要不就是你自己也一樣爛。

好比我的餐廳在每天打烊前，幾件事是固定要做的：

關電燈、關空調等等很簡單的SOP，總共不超過十件事。
但連這麼簡單的事，還是有員工會不時忘記這個、忘記那個。

新員工來時，我傾囊相授請他筆記抄下的事，
有時隔天卻發現他只是抄下，沒有整理、沒有用心去記，
遇到這種狀況，不管是員工或是工作夥伴，都可以馬上停止合作了。

就算你現在的職場不是最好的，也許只遇到了一個六十分剛好及格的老闆，
但你也只有二十分的工作態度，那就不要到職場上來亂，
帶著你的二十分去過你的二十分人生吧！
因為你有這樣的心態，不管到哪都是個毒瘤。

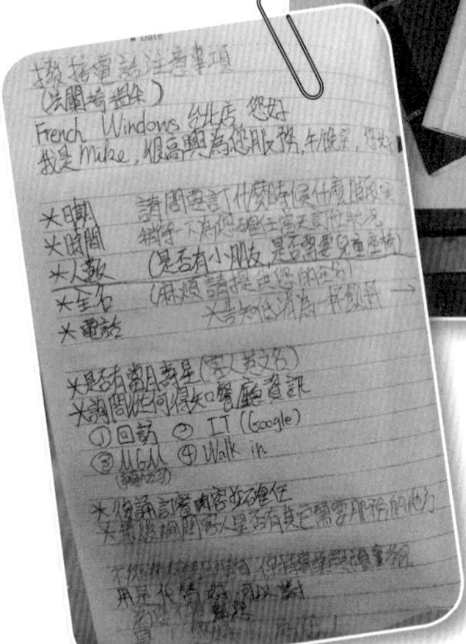

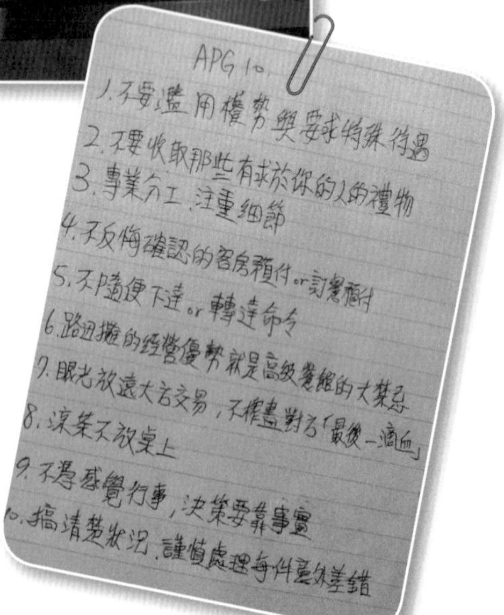

我的餐廳員工一定都會有的筆記，遵循著SOP才不會出錯。

13 論管理：要求員工要做到的五件事

我會特別要求員工注意這五件事：

禮貌、負責、誠實、效率、積極。

第一件事就是要有禮貌。

無論各行各業都不要忘記，對上對下都要有禮貌，表示對他人的尊重，因為你尊重別人，相同地別人也會尊重你。

挑剔一點來看，我的員工有時會不小心對客人說：「我來幫您處理！」這就是不對的說法，客人都已經在這裡消費，你所做的事應該是「為」他做，而不是「幫」他做。
所以這時應該說：「我來為您處理！」

第二是負責。

每個公司的每個位置都有其功能，
負責的員工就是把公司當自己的家，去關愛、去照顧。

舉例來說，如果你是餐飲業的員工，那麼維持清潔整齊就是首要的，
即使只是一個小垃圾沒撿，在客人眼中，這就是一家很髒的餐廳。
而如果你是企劃專員，不是寫完一個企劃案就算完成工作了，
還要把所有資料都整理得井井有條，
當別人要接手時越容易，你就越容易升遷。

第三是誠實。

如果你在職場做錯事，除了道歉，更重要的是誠實以對。

比如某餐點只能熱一分鐘，員工不小心熱了三分鐘，但因為怕被罵不敢說，客人用餐時發現肉已經老了、湯汁沒了，結果換來惡評。

說謊或不誠實的代價比犯錯貴上許多，不誠實的員工讓我發現，是一律要開除的。

最後是效率和積極，這兩件事是相輔相成的。

在這資訊爆炸的時代，動作要比別人更快、資料要比別人更新，你才會有機會。好比拍影片這件事，如果像過去一樣等專業團隊剪好、做好才上傳，時效性早就過了，哪有什麼新聞性可言？

所以我在一場華航機上記者會的專機起飛前，只花了五分鐘，就快速完成拍攝、剪輯、上傳，新聞媒體甚至用我的版本做正式曝光。

有這樣的效率則是因為事前的準備練習，
機會來的時候，我可以馬上出手。

社團接下的案子也是一樣，
我們會積極地去理解狀況，有效率、有經驗地快打快做，
常常是週一發想、週三完成、週五直播就上了。
對很多人而言，可能是很複雜棘手的難題，但對我們而言，只這是基本動作。
所以台灣哩程研究社的專案就是與眾不同、很超值，這是我很自豪的一件事。

總結一下，員工要有禮貌、誠實有責任心，
能觀察客戶想要什麼，而不是制式地站在店家立場而已。
之後積極地去理解職務上該完成的事，
然後有效率的完成它，最後找到機會超越它。

我在華航機上記者會，新聞媒體用的照片。

人生的價值，並不取決於你呼吸的次數，
而是那些令人不禁屏息的美妙時刻。

FABIAN 4 "PHILOSOPHY"

你要的生活，你決定

1 可以買Bug票，不要當Bug人

二〇一九年的Bug票真的是鬧出很多笑話……

頭等艙是紳士淑女為紳士淑女服務的地方，
但我如果是用哩程兌換頭等艙，我便會降低標準和期待，
換句話說，如果是買Bug票坐到的，
那我基本上只要覺得椅子沒壞就好了。（那次我沒買，因為我覺得從台灣繞去香港、再去越南再繞香港、再去紐約，沒有太大的意義）
如果是用升等券或花自己錢買的頭等艙，才會希望一切盡善盡美。

聽說買到Bug票的，一上去就問有幾支Krug香檳……
聽說有人的Cathay Delight、Mocktail自己放到分層了，還要求倒掉重搖……
聽說有人餐全點又不吃完……
聽說有人拍組員前沒徵求人家同意……
聽說組員都會特別關心越南始發、台灣口音的乘客了……

其實怎麼坐上頭等艙都沒關係，
但是浪費就很母湯、喝到醉得下不了機是真的很扯。
何況都已經幾乎不用錢讓你去體驗頭等艙了，
體驗的意思不是說要吃光光好嗎？

聽到這些航空公司台籍組員，跟我分享台籍乘客的母湯行為，
我覺得好丟臉，

買Bug票不是問題，問題是你飛的時候不要當個Bug人！

2 搶便宜沒關係，但心態要健康

二〇二〇年疫情期間，一次殺到底的住房專案，各家飯店都做的很多。很多部落客版主到處灑出連結，說是要教大家搶便宜，結果一堆人買了之後去比價，發現便宜還有更便宜，最後買得烏煙瘴氣，滿手券到處轉讓，真的沒有意義。

做生意只顧著一直衝量，最後品質一定會變差，**搶到手的、便宜換來的，可能是打過折的服務，仔細想想真的划算嗎？**如果需要住宿，建議可以上官網看；如果要飯店折扣，正途就是直接找直營，一切都不會比較差。

當我們使用折扣價得到體驗時，
對於一切待遇要有著「沒有是應該，有要感謝的心態」，
這樣才會賓主盡歡。

法語錄

好的飯店＝好的工作人員＋好的客人，
缺一不可好嗎？

3 我真的不是跩，是理念不合

在社團的各位請原諒哩長伯，
這幾年來（尤其是二〇二〇年），其實我推掉很多合作案，
不少飯店、銀行、航空公司找過我合作，但都被我婉拒。
有的還一直說要加碼多少錢給我，但我最討厭人家以為我只會收錢辦事，
這種東西我才不要，我不是跩是方向不對。
我不要做特價專案，因為一次特價後，難保會不會有人比你更低，
不管是最低的價格或更高的補貼，
我深深覺得會降低服務業的工作士氣。

所以我寧可Referral活動，免費幫忙宣傳好活動，也不要隨意做沒有特色的案子。

例如優惠的信用卡特案，

客戶繳年費後，接著一定還會有其他消費，就會有刷卡手續費。

對銀行對哩民雙贏的、有長遠利益的特案，我才做。

法語錄

一個人走得快，一群人走得遠，

讓我們一起飛更好、飛更遠。

4 成功的人其實沒你想得那麼爽

看見別人的體面時，
三流思維是酸葡萄心理：「他憑什麼過那麼爽？」
二流思維是告訴自己：「他蠻厲害的。」
一流思維是主動問：「他怎麼做到的？」

天下沒有白吃的午餐，所有人前的體面，都有不為人知的付出和努力，
可惜有些人不問過程，只是見不得別人好，然後散播無限腦補的事。
但你知道嗎？沒有人不辛苦的，只是有人不喊疼，
成功的人其實沒你想得那麼爽爽過。

有高度的人，眼裡存的是正面欣賞，而非憤世嫉俗的不屑。
平凡也可以淡然、體面也可以自在，這才是互相尊重，
何況必須非常努力，才能看起來一切毫不費力又體面。

最後奉勸一句，

不要詛咒自己，覺得好事輪不到你，
而應該讓嚮往的美好生活，變成自己前進的動力。

landscape
food
shopping

我喜歡去各地體驗美好，
欣賞**美麗的的風景**、
享受**美食**，和**shopping**

5 網紅啊！枉費你紅

二〇二〇年很多事都脫離常軌，哩長伯我差點無法正面思考。

受不了網紅愛賣飯店住宿，又愛鬼叫住宿品質差。
也不想想用那麼Cheap的價格當卡客，是能尊貴個╳！
還跑去飯店教人家怎麼服務，
就跟媳婦嫁到人家家裡，教婆婆怎麼做菜一樣——白目到家。

台北市五星級飯店的專業，是用來服務「國際商務客」的，
特價期間是只讓大家去嘗試嘗鮮，不是讓你去「指導」的好嗎？

你瑞士國際飯店校長膩？

甚至有網紅拿跟A飯店公關的合照，去跟B飯店討免費住房，
瞎扯說自己是當紅部落客、在某某飯店都能免費住房……叭啦叭啦，
這跟在商會餐會上跟我合照後，拿著照片向航空公司要求待遇一樣的無恥。

飯店業今年忙翻，員工都已經緊繃到極限，
網紅等於是一個自媒體，就該清楚自己的社會責任，
尤其當你有能力號召群眾時，要盡可能把大眾帶往好的方向去，
而不是為了自己的利益做不良示範。

小確幸和貪婪不該傳給下一代，
你的孩子以後也會看在眼裡好嗎？

6 You get what you pay.

難得來坐坐飯店的行政貴賓廳（我不愛吃很少來），
用餐時一直聽到有塑膠袋的沙沙聲，抬頭一看……
我才說，台灣奶奶怎麼胃口那麼好，剛看到夾了一大盆沙拉，
結果居然是拿出塑膠袋打包帶走，
蛋糕、炸雞薯條也打包，最誇張的是連生魚片也可以，是不是讓人頭很痛你說！
這種畫面你我一定都看過。

或是有人打著住宿五天，就跟飯店凹要升等，
飯店回：「不好意思房間滿了，要升等只能最後一天」。

這就是給你軟釘子了，你還白目到第五天等著換房，
甚至在飯店蹲點整天，然後當天因為前房客延遲退房，就生氣在那邊跟飯店盧……
你是VIP、人家是VVIP，你還該該叫到底是怎樣？

正道就是付出了相對的費用，才有相對的服務，
這就跟我常常提醒大家的信用卡問題一樣，
因為消費本來就存在，信用卡只是一個轉支付的工具，
既然都會使用到信用卡，社團跟廠商合作，將回饋最大化給消費者，
消費者又有高額的消費能力和負擔年費的能力，這樣才是雙贏的局面。

而銀行審核信用卡時，會以財力證明來分級，
想要有最好的條件，就必須付出最高額的年費，這是一種理所當然的正向循環，
但如果想要最頂級的服務，卻不願意付年費，
我只能說銀行沒有欠你一位奧客喔，謝謝免聯絡！

7 行銷精神萬歲！

寒軒高雄餐旅之前推出「銀髮族限定」自助吧超值券，宣傳圖片上註明銀髮族指「五十歲以上」民眾。飯店把優惠向下擴大到五十歲以上，原是美意一樁，卻因為和一般人對銀髮族的定義有差距，一下子被叫老的人無法接受而投訴飯店。

如果能這樣想：「我也是老人家了耶，五十歲就可以過重陽節！」這樣的行銷手法就會變得很好、很有趣。

再看看左頁圖這個活動，三十一歲的我都可以領禮包了，一九九二年次以前的人都能被「敬老」了，多好！

好不是佔便宜，好是好在人家還有行銷的精神，

疫情之下客人爛到不行、價格爛到不行，
還願意在線上努力的都很難得，
要為他們拍拍手才對。

眼睛長在你身上，要怎麼看世界你自己決定。
眼裡沾到屎，看什麼都是屎；
當你笑起來眼睛彎得像月亮一樣，看什麼都開心。

圖片取自
深圳小天微博

8 別管年紀，只管嫁給愛情

曾經有位董娘對我說，

離婚多年應該要再婚了，都到適婚年齡了，一個人出席活動不好看……

我悠悠地回她：「台灣人平均壽命八十歲，我要是到了八十一歲還沒死，

是不是就該去死了？」

三十歲了就該結婚了嗎？

不，你要記得，永遠沒有「該結婚的年紀」，

不該為了年紀結婚、更不能為了爸媽的期待結婚，

外人不懂自己的瘋言瘋語，我們無須在意。

兩人心裡都有對方，比有張證書來的踏實，
例如我的朋友小哥十九歲，有三個孩子，
孩子三個還沒結婚，因為對方家人就是要等二十歲才肯點頭，
但當事人相信，愛不是靠一張紙鎖住對方，愛要靠實踐力行。
就像薩特和西蒙波娃的愛情，
儘管沒有正式婚姻，但手牽手長達五十多年，並終其一生。

如果你早早就有一個另一半，那是幸運又幸福的；
如果沒有也沒關係，但一定要記得，

只管嫁給愛情，
別嫁給時間、別嫁給年紀。

9 我看那些代代相傳的魯蛇

沒有人是天生贏家，
當意識到自己總是在抱怨、浪費了大把時間時，
才真正開始長大。

當然有的人很幸運，年輕時就被現實所逼，能力早早爆發；
但有的人很不幸，一輩子被另一個魯蛇保護。

我說的就是那些本身已經無望的父母，
不知道教孩子面對現實，還整天對他們灌迷湯：

「累的話不要做了沒關係……」
「老闆怎麼可以對我的寶貝這樣……」
到底是在幫下一代，還是在害下一代？

這種魯蛇心態超越財富——
富不過三代，魯卻可以代代相傳。

10 友情不用執著，朋友要能一起進步

沒有人喜歡帶衰的朋友，
這樣的人就算對你不錯，
但滿口怨言跟滿腦子負面思想，聽了就是有損和氣跟福份。

個人覺得換朋友不是壞事，
就像你開車越開越好、房子越住越好，那朋友為什麼不能越換越好？
如果你的朋友不能跟你一起進步，那就該換了。

當然如果他進步得比你快，也有資格丟下你，

因為生活圈已經不同了，沒有必要強求。
有些東西可以念舊，但朋友不是越舊越好，
就像有些酒你可以放一百年，
但有些酒你拿來燉牛肉都嫌澀。

法語錄

人生是一張單程票，應該好好珍惜每天的風景，
不要把時間花在負面的事上。

11 跟風真的母湯

跟風真的母湯，

了解自己「想要」跟「需要」的東西，然後努力去追才是真理。

走過大半個世界，就這島上的人最愛跟風不看事實。

小時候覺得戴眼鏡好帥，故意搞到近視的現在都後悔了吧！

長大了還在那邊屁個二百五，好像不弄到自己很悲情，就不算體驗過人生，

我說那都叫做太閒，日子過得太爽太無聊了。

不是一定要反其道而行，才是做自己；

不是一定要弄傷自己，才是懂生活；
不是一定要騷擾他人，才是有影響力；
做自己就是在不影響他人的情況下，過自己想過的生活。

法語錄

沒有充分的知識作為前提，即使行了萬里路，
也不過是郵差而已。
而再便宜的機票，終點不是你心嚮往，
也就只是個別人活膩的地方罷了。

12 先管好自己，看看是不是睡得安穩

最近我真的很迷惑也很不懂，為什麼很多人愛置喙別人的人生？把自己當成可以任意批評的「社會觀察家」，講得好像大家都沒眼睛一樣。

這世界上的資源分配本來就是八十比二十，甚至九十比十，想享有少數人的待遇，就是要經歷多數人不願意的苦痛。整天在那邊追求做輕鬆的工作，卻幻想能過豪奢的生活，請問是在攻殺小？

我不管你收入三萬還是三十萬，好好負責自己的人生，

收支平衡，才能幸福睡得安穩。

我也認識月收三百萬的人，但過得比誰都心驚膽顫。

當你的月薪只是人家的日薪，會有代溝是正常的，
而用力傾聽才會明白別人的人生。
有時候你以為薪水多十倍，會有十倍快樂跟十倍開銷，
其實不然，你要過過才知道。

你不是我、我不是你，
我們只能評判自己的過去跟現在，未來誰都沒資格說，
所以沒必要把自己的自在，建立在他人的不自在上。

過好你自己的生活，社會上不缺你一個觀察家。

13 60／30／10的人性分類

這一生，你曾經認真思考過為何而來嗎？
你曾經為渴望的事情付出所有、堅持到底嗎？
如果你看到有人成功了，你會怎麼做呢？

有一位非常年輕的哩民，應該就是大家常說的人生勝利組：
大學畢業後直接到美國攻讀博士，
後來因為指導教授盛情邀請，回到台灣後在中研院工作，現在還不到三十歲。

我的經紀人聽到他的事後，反覆問了幾次他的學經歷，因為經紀人覺得，他真的不符合一般人所認知的人生歷程和工作條件。

這個例子太符合我常說的「60／30／10人性分類」。

60％的人看到別人異於常理的成功，

通常第一個反應是懷疑、覺得不可能，

次等的人總會對自己腦補，認為對方有詐，甚至造謠攻擊對方。

30％的人會羨慕：「他怎麼可以這麼棒？」

也會謙虛地自我反省，自己是不是還不夠努力、不夠認真？

10％的人會抓緊機會趕快問：

「請問您是怎麼辦到的？」

「請問願不願意跟我分享您成功的秘訣？」

問到、學到，徹底的認真練習後展現行動，這才是王道。

我覺得自己也只屬於30%的人，不夠盡力。
沒有在更年輕時像10%的人抓緊機會學習，
否則我應該可以看到更不一樣的風景。

能扭轉我們人生的人，有時候會突然出現在我們面前，
準備好把握每一次難得的機會了嗎？

FABIAN 5 "PHILOSOPHY"

與哩民及朋友一起成長的良師兼益友

1 他大學時就耀眼至今（航空公司座艙經理／學姊 Milk）

我是他學姊，我們都是銘傳大學風險管理與保險學系的學生。

二十歲認識他的時候，他才十八歲。我們幾個好朋友都叫他北京，因為知道他是從北京回來的。畢業到現在超過十年了，我還是改不了口喜歡叫他北京。

北京是那種讓你無法忽視他的人，為什麼？因為他總是西裝筆挺出現在學校，而且會畫眉毛（他從以前就畫濃眉，對！就你現在看到的那樣子）。我們的科系本來就需要常常穿正裝，但他穿起來就是不一樣，有一種說不出來的氣勢，像是做大事業的那種成功人士。一點都不誇張，他出現在校園的時候，一定是所有人的目光焦點。

北京超齡的程度不是一般人可以理解的，不只是穿著打扮，他的談吐成熟遠遠超越同年的人。他只要一開口，你就會發現他的與眾不同，說話很快、有邏輯，感覺是已經出社會、有歷練的人。

他總是獨來獨往，不太出席同學們的活動，我知道他當時就在銀行上班，但上課一定會出現、考試也不會缺席，對當年同樣是學生的我來說，他的時間分配和管理方式令我嘖嘖稱奇。

他大二時就是老師的助教，我自己也在系辦當工讀生，我們一開始是因為系上的事情有合作，後來愈來愈熟。有時會聽他如何處理銀行的工作，感覺上司很器重他。他明明是學弟，但是總會有種錯覺，覺得他比較像在職專班的社會成功人士。

我們算是走得近的同學和朋友，畢業快要十年了，只要工作上遇到重大問題，我一定會找他聊，失戀傷心的時候也會打給他。他不管多忙，一定都會騰出時間和我說說話、安慰我。

很妙的是，論年齡我是他學姊，但講到人生經歷，他才是我的大學長。

2 他感染力強大且正面積極（哩民好友／Cristina）

環遊世界，本來只是我心中遙不可及的夢想，沒想到加入這個社團認識法比安後，我竟然真的能用旅行來探索這個世界。為了感謝他，我幾乎每場活動都會到場幫忙。

三年多前剛參加社團時，注意到法比安的第一件事，是他正在線上幫一位哩民的父母處理海外機票問題，過程很繁瑣還天高皇帝遠，重點是他根本不認識人家！我想說這個人怎麼會這麼熱心又有耐心，一般人不會做到這個程度。後來看到，他其實有空都在幫哩民處理大小事，而且幾乎都是未曾謀面的人，原來這就是他的日常。

他不僅僅會提供建議，有時就直接出手幫忙聯絡航空公司或飯店，一件比一件複雜，很多都不是一般人能夠處理的事，他卻願意無償地幫忙大家。接下來我參加了社團年中的哩程教學課，當下真的聽不太懂，感謝法比安後來教我開出了第一張環球機票。

因為個性投合、時間上又可以配合，這幾年跟著他和其他旅伴，一起去了很美的克羅埃西亞、歐洲、美國和其他亞洲國家。

曾經有人問我法比安是不是富二代，為什麼可以常常出國常常飛？其實和他出國的時候，你會看到他無時無刻都在處理工作上的事，非常地忙碌。雖然他很懂得各種生活享受，可以看出他來自優渥的家庭，但是近身觀察他就知道，他所有的一切都是自己打拼來的——很辛苦、睡很少，就如同大家知道的一樣，但會在行有餘力的時候，不計代價幫哩民的忙。

看到亮點了嗎？

他被誤會、抹黑的時候當然也會難過，但會很快整理好負面情緒，不會一直被影響。跟他熟悉一點，你也會被他的正面積極感染！

本來個性急躁易怒的我，遇到麻煩事會沮喪很久。直到這三年多，旅行途中、辦活動中，從他身上學到最欠缺的那塊。就像他說的：**急沒有用，要找到解決問題的方法；生氣也沒有用，正面積極處理就好。**

3 他有超高速人生和戰鬥意識（哩民好友／柏高）

「把一件事做對、做好、做快，然後維持住水準；再重複同樣的邏輯做下一件事、再下一件、再下一件……任何事就是這樣做好的。」

——法比安

照著SOP、不跳步驟、把每一件小事做好，法比安總是這樣做事，也總是這樣教導員工。旁人看起來艱鉅的任務，就這麼被一點一點消化，高效率的真實樣貌就是如此吧！少了無謂的消耗與浪費，才能成就超高速人生。

「我不需要夢想，因為只要我想，我就會達成夢想。」

——法比安

言談中帶著強烈的戰鬥意識，眼神中是對目標的高度具象化，這番話若出自一般人，只會被當成說大話，但由法比安說出口卻毫不違和。**目標與時間管理做到極**

致，或許就是成功的最大秘訣吧。

初識時，我覺得法比安是一位專門開箱飯店、飛機、信用卡的網紅，因為他在臉書直播中介紹飯店的模樣，與各路網紅何其相似。但不一樣的是，他擁有謎一般的身價、過著被奢華包圍的生活，相比之下過於年輕的樣貌，不禁讓人產生諸多臆測與聯想。

認識他後，我覺得法比安是一位專門分享生活、智慧、價值觀的一代大師，他的每一句話、每一種邏輯背後，蘊含的往往是大量的知識及見識。這也讓他的身價有了合理解釋，依然是過於年輕的樣貌與被奢華包圍的生活，但他的財富與生活型態，卻變得理所當然。

學到如何美好的旅行、開辦合適的哩程信用卡、見識哩民的花式旅遊都很棒，但認識法比安才是我在社團中最大的收穫。與他認識並相處的這三年，讓我的人生視野大開，回顧過往二十幾年，竟找不到一個相似的人物。

他的談吐未必優雅、未必婉轉，卻飽含直指核心的銳利與智慧，會覺得若能裝進他的思考邏輯，許多問題都不再是問題。至今我對他仍有好奇之處，有些問題現階段剛好適合提出，很多認識他多年的哩民朋友們，應該也有同樣的疑問，希望都能在書中得到解答！

1. 為何選擇過如此高速的人生，內需是什麼？
2. 為什麼要花時間理會酸民，並跟他們戰鬥？
3. 為什麼可以睡這麼少？
4. 是怎麼讓自己成為今天這個 Level，比如怎麼從經濟艙走到頭等艙的？
5. 如何一心多用？（我覺得他是一個人型多核心ＣＰＵ）

4 他教會我如何面對壓力（金融業主管／Catherine）

我是在二〇一六年扶輪社的活動中，第一次看到法比安的，不過他當時是和一群大人物在一起，我們沒能說到話。直到二〇一七年在卡娜赫拉的社團中，我竟然發現他也在裡面，他也喜歡兔兔（這個大家都知道），後來我才跟著加入了台灣哩程研究社。

他這麼喜歡兔兔，我一開始以為他也像兔兔一樣可愛，我錯了。

他是一個很嚴格的人，不管是對自我還是對員工，標準都很高。前陣子我剛開始當主管，有很多的眉眉角角都不懂，於是向他請教。他直接、嚴厲指出我哪裡不對、哪裡有問題？當下心裡覺得很不舒服，心想我是需要安慰的，你不但沒有安慰還毒舌我，覺得再也不想跟他講話了！

可是他說的話在我心中種下了種子，上班時我按照他說的方法做事、帶人，工作慢慢開始上手之後，覺得他講的都很實際，而且都是對的。例如他會說：「上班時你的感覺不值錢知道嗎，公司又不是花錢買你的感覺」、「為什麼客人會不高興？就是你真的蠻活該沒做好啊！」

我的部門曾經因為組織調整，所有人都離開了。我很難過地問法比安，自己是不是應該跟著走。他說：「你應該先去公司尋求資源，然後把事情扛起來完成。你這次不做好，以後也不會有機會做好，反正去哪裡都做不好。」

對，後來我就大轉念。在職場變得積極也很堅持，讓大主管很訝異，問我怎麼轉變這麼多？當他們知道有法比安這樣的朋友時，叫我要我好好珍惜，說這是一個真正為你好的朋友。其他朋友可能只會順著我罵老闆，或是叫我換別的工作，但是法比安沒有這麼做，他讓我找到自己的潛能。

法比安對我的幫助，就是讓我對事情有正面的看法，把情緒不好的時間壓縮到最短，然後盡快往正確的方向進行。我真心的感謝他，也知道在他嚴格的要求下，心意是可愛珍貴的，卡娜赫拉迷萬歲！

5 他是上流社會裡的寂寞小孩（保險公司副總經理／維興淯安夫婦）

帶老公參加法比安辦的環球班課程，是為了讓他了解哩程的魅力，也讓他放心我只是在追星，沒有加入邪教（笑）。

老公參加許多場社團活動後，認同法比安的很多理念。我覺得現在他比我還喜歡法比安，只要社團需要協助，他都會主動說：「走吧，我們去幫他！」日子久了之後大家愈來愈熟，也就更認識私底下的他，是個值得交的朋友。

一開始對他的印象和一般人一樣，不外乎上流社會、很有錢的人，出國都搭頭等艙和住最高級的飯店。其實法比安很隨和沒有架子，肚子餓的時候，甚至會沒形象的暴風吸食。

有人說我們夫婦很疼法比安，是嗎？我們自己也不太清楚，只覺得他是個外表很幹練的大人，內心卻住著一個很天真的小孩。做什麼都很認真，每一次設計的活動都要求完美，我們非常認同他做人做事的原則，所以會想照顧他。他常常一天只吃一餐，我們都會順手帶他喜歡吃的東西去找他，這樣看來的確有照顧小孩的感覺耶！

他連休息時間都在構思活動，總是堅持做到最好。所以我們最希望的是他能好好照顧自己、多注意健康，只要他需要幫忙，我們都在！

2020年耶誕趴，化身嫦娥的法比安。

6

沒有想過他竟然會對人這麼好

（哩民好友／三寶爸漢程）

只要是哩民們都知道，法比安在社團開了一個互助貼文串，讓願意帶人進機場貴賓室的高卡會員留言，許多哩民因此得到體驗的機會，也同時增進了哩民間的互動和交流。

就我知道，進航空公司貴賓室這個禮遇是可以賣錢的。但法比安沒這麼做，也嚴禁大家在社團裡面販售，反而是常在社團裡大方PO出可以帶人進貴賓室的日期，所以不時可以看到幸運哩民分享，被帶進頭等艙貴賓室的珍貴體驗。

去年暑假我們一家五口去香港迪士尼玩，為了讓孩子能體驗貴賓室，去程時就被扣了一萬八千哩，哩民都覺得很不划算。但做父母的我，想到孩子開心的表情和崇拜的眼神，已經打算回程時帶他們體驗更棒的香港貴賓室，也做好再被扣兩萬七千哩

三寶爸一家人

的心理準備。

後來法比安看到我在社團的PO文，主動問我哪一天回台灣，他說剛好那天他也要在香港轉機回台北，可以幫忙帶兩個人進頭等艙休息室，足以讓我省下一萬八千哩，我們全家聽了都超開心的！

但當天一直沒能聯絡上，我們全家到機場時已經下午一點了，這才發現他早在清晨六點多就到香港了！他為了幫我們省下哩程、陪同我們一起劃位（我們不同班機），竟然在櫃檯旁等了我們超過七個小時！我超級感動，但至今仍覺得對他很不好意思。

我觀察法比安三年了，他一路走來始終沒變，不會說一套做一套。他總是熱心分享他的飛行和飯店住宿經驗，甚至幫哩民急難處理。好比因為颱風被困在大阪機場的那次，他義不容辭先幫助哩民，最後才想到自己，這讓包括我在內的很多哩民，都從單純的社團成員，變成挺他的好友。

7 他是天才型企業家（健身教練／Kevin）

我是法比安的私人健身教練，但十次上課他有九次都在講電話，或是曾經兩小時內我們一分鐘都沒有運動到，我沒有誇張喔！因為那次有人來找他討論事情，最後還被拉去一起吃飯！

你問我法比安是什麼樣的人嗎？我認為是一個天才型企業家，做生意快狠準。五年前他也才二十五歲吧！就看好健身事業，和我討論投資開店的事。但當年的我根本不信他是這麼厲害的人，才幾歲就有大把資金可以投資。所以我後來沒有參與，去了一趟中國大陸打拚，之後事業進行得並不順利，所以去年我還是回來了。

我不在台灣的這幾年，他依然把自己的事業做得很好。年紀輕輕就身家上億，這件事的確很難，但這也不是憑空而來，**我在他身上看到了很多成功事業家都有的**

特質，那就是專注和努力。他沒有一天放任自己，努力創造各種可能，真的要給他鼓鼓掌。（也許這就是他沒時間運動的原因，我也要學他說安捏母湯啦！）

這次回來他還是願意投資我開店，希望以後有機會，能讓大家來我們合開的健身房，一起運動、一起健康！

法語錄

一個人很厲害並不是因為他有多麼聰明，而在於他有多麼勤勞；

讓人敬佩的人，總是秉持初學者的態度。

8 他擁有最完美的反差（哩民好友／Sherry）

你看過直播上，說話犀利、敢說真話的他。
應該也看過，搭頭等艙、長程線能吃七餐美食的他。
沒有疫情前，他週週分享不同的五星級飯店、買喜歡的東西毫不手軟。
很多人都透過社團聚會，認識妙語如珠、讓現場笑聲不斷的他。
但是這都不足以完整形容他，私底下的他還有多種面貌。我一開始和多數人一樣，只透過網路看到表面，覺得他是空中飛人、有錢人，和大家有著深深的距離感。
但沒想過他有麼多面，而且反差也太大。事實上，他是這樣的人：

他是24小時在線的熱心哩長伯。

他是看到無良廠商或肖貪的人，大砲性格就跑出來的正義網紅。

他會揹VERSACE的後背包、戴著好幾百萬的錶和鑽戒，騎著Ubike到處趴趴走。

開Maserati最常做的事，是去幫店裡進貨和送朋友回家。

他會去米其林餐廳，也會去7-11吃微波食物，重點還吃很多。

愛去屈臣氏買最划算的組合，店員都說他是最懂得精打細算的客人。

也會在餐廳拿著鐵鎚和掛釘，在牆上敲敲打打，親自佈置掛畫、裝軌道燈。

因為他，社團創造了很多奇蹟：高年費的信用卡竟然能有五位數的卡量；每次辦特案、講座及聚會活動，竟然能像搶演唱會門票秒殺（個人覺得顏值應該也有幫他加分）。他很自豪地說：「我的社團網頁沒有廣告，我又不是靠這些賺錢。」他就像一個陀螺高速旋轉，我問他：「你到底有沒有在睡覺？」他回答：「事情都處理不完，哪有時間睡覺！」

有機會參加聚會活動，推薦你真的可以來，你會在他的歐風奢華餐廳，享受美食與一流的服務，並且踩著他自己用抹布擦得亮晶晶的地板！

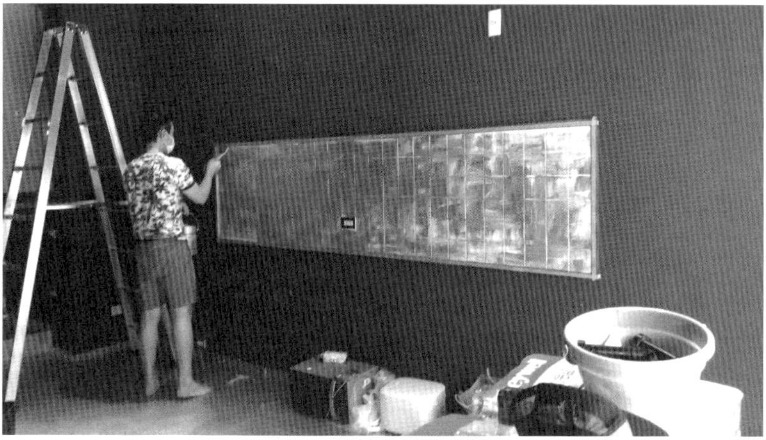

不同面貌的法比安，你看過幾個？

9 沒有見過比他更真的人（中研院博士／Freddy）

說到我如何知道法比安，和其他哩民類似，是某次偶然得知台灣哩程研究社的存在。由於本身喜歡研究航空業和哩程，加上參加社團時我正在國外念書，所以很需要瞭解各式各樣的哩程計畫。社團中琳瑯滿目的哩程情報和信用卡資訊，豐富到令我歎為觀止！和其他所有的信用卡方案比較，台灣哩程研究社這個社團的專案，就是能比任何管道得知的都還要優惠。

這使我不禁好奇：法比安這位「網紅」，到底如何神到讓銀行和消費者雙贏？直言不諱的個性，真的不會讓他惹禍上身嗎？

之後因為工作的關係回到台灣，打算以遠距方式完成學業。有天，在搜尋台北的下午茶時，突然想到可以去法比安的餐廳嘗鮮，順便一探他的經營哲學。就是這麼巧那天遇見了本人，後來偶爾去吃飯，慢慢認識私底下的他。他總是能馬上說出你是誰、有辦法記住你的臉書，我想，這一定也是他成功的一大秘訣。

我看到他在餐廳時，常常再三囑咐員工要Follow SOP，不用為老闆省錢而偷吃步或偷工減料。他本質上是一位很嚴謹的人，做什麼事都面面俱到，不只要求別人，對自己的要求也很高。

他雖然有話直說、敢說敢當，但獨有的個人風格——真，卻又讓人感到超級平易近人，這就是大家會喜歡他的原因吧！**這些年我在國外讀書，交了不少朋友，也見過很多人，法比安是我遇過最真的人，他真的很真。**

編輯後記

法比安，沒有那麼神祕

小編本來是台灣哩程研究社的哩民，從二〇一八年加入社團之後，陸續跟辦了兩家銀行的哩程信用卡專案。都是因為社團專案送的哩程，比跟銀行直接辦還多送幾千哩，實在太划算！在銀行消金部門上班的朋友說，二〇一九年「匯豐旅人卡」在這個社團專案申請成功的數量突破萬張；二〇二〇年華航和中信的聯名高年費頂級卡，更創下台灣有史以來最高的數量。朋友笑說，只要是跟哩程相關的信用卡，法比安跟銀行談優惠的本事絕對是第一名，是「萬卡之王」啊！

都在社團潛水從未留言的我，二〇一九年看到法比安在柬埔寨旅行時，晚餐天天自己吃掉一隻烤鴨，吃到食物中毒。我想說這位花美男社長，怎麼可以這麼沒形象、這麼「ㄎㄧㄤ」？從那時我才忍不住留言關心他，這是我們認識的開始。

後來去參加他的現場活動，發現他本人的魅力十足，他的人生經歷和旅行一樣吸引人，所以不只十次對他提出「出書」的構想。當中有其他出版社也跟他提案搶人，都因他太忙而中止。沒想到二〇二〇年這場疫情讓他留在台灣，加上小編的緊迫盯人，才讓這本書終於可以有機會誕生。但因為新冠肺炎，讓過去許多的旅行資訊已經變成無效的資料，所以這本書要分享給各位的是「天生講究、如何將就」的法比安，這位非典型的成功者，更值得讓我們學習的致富邏輯。

我認為法比安的神秘，來自超越常人的經歷，與旁人無法理解的努力。一般人和他初識會有很大的壓迫感，因為他說話快、反應快、做事俐落，並且有自己獨特的「48塊餅」時間管理法（Part1有提到）。

如果為了公事來找他，卻沒有在三十分鐘內抓緊時間溝通完，你很快就會失去他，只能眼睜睜看著他的身心靈都已經不在你的軌道上，因為他的內心已經開始在處理下一件事了。我在他身邊整整觀察了六個月，親眼看到飯店業、銀行業、航空公司高層對他的各種禮遇，譬如邀請他擔當新卡上市記者會的唯一嘉賓，或新產品發表時坐在相當於頭等艙位的貴賓席。

很多的宣傳他連一塊錢酬勞都沒拿，因為就如他所說，他不是網紅也不是部落客，更不需要靠這些活動賺錢。他不過就是以台灣哩程研究社社長的角色，過濾各種訊息給哩民罷了。

哩民們常常互嘲加入了邪教，因為這個社團很少看到台灣人最愛提的CP值，反而能觀摩到許多菁英的消費觀念和好好過生活的方式。這應該歸功於法比安一直以來宣導「花錢是為了開心」，導正了多數人常見的貪小便宜心態，讓哩民們「花該花的錢、享受該享受的」，也讓廠商「賺該賺的」，培養健康的消費型態與消費心態。

讓我來總結一下法比安的特殊之處：

1. 一天工作超過十六小時，如果十五歲就開始這麼過，並且不斷追求卓越和超越自我。三十歲的他，成就和財富不輸給五十歲的人，並沒有什麼好懷疑。
2. 吃夠了就停、睡夠了就醒，很多事都有最好的方法進場和出場。你會覺得同一個時間可以做很多事很離譜，其實是他能快速個別完成那些事，每件事都是專心處理好的。
3. 說起法比安在航空公司和飯店所受到的特殊待遇，我看過部落客的攻擊：他們去問廠商是否有提供特殊待遇，對方回答沒有，於是部落客直指法比安說謊。然而恰巧很多次我都是現場目擊者，所以我也要告訴酸民，你去問官方，官方跟你說沒有，不是沒有這個服務，而是官方有些待遇只會提供給VVIP，所以一般人只能得到「官方答案」。

4. 他很愛提到的60／30／10法則，小編覺得用在法比安身上也很適合。看到法比安這樣的人：

60％的人會嘴、會酸，懷疑他憑什麼能有這些生活享受。

30％的人會感嘆敬佩，原來人家是這樣辦到的。

10％的人會主動詢問，請求成功的人分享秘訣。

以上～

Q&A 為了能更認識法比安的十五個問題

01 工作壓力大的時候，怎麼調適自己？

大多數人會選擇吃東西和買東西，這也是我排解一般壓力的做法。但是面對真的大挑戰，例如公司的營業目標被調整至百分之三百時，我會先深呼吸然後問自己：「難道我的極限就是這樣嗎？」

答案是肯定的——人沒有極限。遇到問題就是找方法解決、遇到挑戰就是先搞清楚困難點在哪。摸好細節後盤點自己的能力，不足的部分去找方法或找資源，安排好一切後，盡快完成挑戰。

讓自己忙起來，就不會有時間去產生逃避壓力的心態。

02 當初是什麼原因創立哩程研究社？又是怎麼走到目前的成就？

社團其實不是我創的。社團曾經被創辦人拋棄，臉書的系統直接轉給了下一位管理員，這故事複雜到可以講一大篇……。總之創辦人一開始的意圖是為了賣保險，後來在社團裡沒辦法賺錢就跑了。

所幸我們這些後來的管理員，秉持著初衷，有事情就做、有問題就解決、有機會就讓它好好發展，更有幸遇到志同道合的人自願幫忙，社團才撐得下去。

社團中四個管理員共治到現在，也常常會有有意見相左的時候，但是也都各出資源、一起找方法把問題解決了。這讓我感到很有成就感，除了管理公司外，也能在其他領域把事情做好，甚至比一開始更好，這點我也感到很欣慰，所以願意繼續讓社團成為我生活中的一部分。看著大家能躺著環遊世界、搭著頭等艙體驗美好，在台灣也能偶爾聚聚聊聊未來的旅遊願景，這些都令我感到滿足。

03 一開始怎麼開餐廳的？又是怎麼找主廚的？

餐廳是陰錯陽差開的。一開始是我拿著藥廠的分紅，挺同學投資開店，同學後來不做了，變成我一個人要扛起來。於是我回去找前公司，前公司有經營飯店的經驗，找主廚給我配方、讓我去上課受訓。

所以現在我的餐廳不用主廚，我認為經過「標準化」做出來的穩定美食才是靈魂，不會因為任何人沒有上班或異動，導致品質差異。

一樣的道理，就算侍酒師再厲害，重點是酒品要好。酒品好、年份高，該批酒的品質一定也要標準化，從第一瓶到最後一瓶味道都應該一樣，而侍酒師只是讓顧客加強體驗的一環，重要卻不是根本。對我來說，「一致性的標準」才是重點，不論服務還是餐食飲品上都是。

04 能一直保持生活有熱忱的原因？當自己的用心和努力，遇到無理的人時，如何不灰心退縮？

感謝這兩年有些朋友總是支持我、鼓勵我、幫助我，我才可以耐著性子解決事情，保持生活中的熱忱。

就像有人說：「雨下在淹水的地方，就是災難；下在旱災的地方，就變成甘霖。」一樣的天氣不可能人人都愛，更何況是做為一個人。所以不用討好每個人，但是把事情上道地做好、對得起自己就好。

05 最推薦的國外旅遊地點是哪裡？

麗江、輕井澤、北京，因為我喜歡山。海，在台灣認真地看夠了，邁阿密我也待夠久了。如果看到我去海邊玩，就一定是搭遊輪去的。

06 是如何嗆爆那些酸葡萄的小人？

冷靜下來看好事實，然後將心比心找正面循環。

以前都會怕在暗處「噴」我的那種人，但後來就直接把他們的底全掀出來，然後嗆爆他們。我一講完，他們也沒什麼話可以說了。我很不喜歡人前人後兩個樣的人，所以我自己也不要當那種人。

像是有人覺得位在中和的飯店很偏僻，但他自己明明住在土城，到底有什麼資格說人家飯店不夠都市化？還說看膩101？可是我真的不明白，土城除了山上跟家裡的電視，哪個角度看得到101？光是我這樣回，他們就只能閉嘴了。

每個地方都有每個地方的優勢，也有自己的弱勢，我們要學會用對方和他人的角度去看每件事情好的地方，不要總是帶著有色的眼鏡，覺得這世界對不起自己的態度去面對每件事、每個人，甚至是每個情況。

07 是什麼神通廣大的神力，可以精通各哩程並教導大家的？

持續學習後分享經驗，才能成就更多美好的體驗。我堅持做對的事情，更樂於分享上道的消息。

08 目前遇過最挫敗的事情是什麼，又是怎麼解決的？

最挫折的是被最信任的人捅一刀（結果還沒捅好），讓人覺得要弄我的人道行也太低，難道我就那麼爛？要吵架也派個有用的來好嗎？

怎麼解決？世界上幾億人口，朋友再交就有了。和朋友出去玩是一定要花錢的，如果沒錢就去賺錢，哪還有時間在那邊自怨自哀。

09 哩長伯是怎麼開始集哩程的？換過最滿意的一次旅程又是什麼？

以前我在滙豐上班的時候，有一間租車公司的大老闆，常常打電話問我有關哩程的問題。雖然不是我的工作範圍，但是我很熱情的幫他查，後來也漸漸覺得很有趣，之後剛好常常出差往返大陸，便開始累積哩程了。

換過最滿意的旅程？我一直相信還沒到來，每次的旅程回憶都很美好，但是下次都一定會更好！

10 在世界各地飛來飛去，是怎樣調整時差的？

我在台灣本來就很少睡覺，以前以為飛去美國後，作息時間就會顛倒過來。結果我發現都是自己的問題，就像我不管在哪，都是快看到太陽才睡覺，最多休息幾個小時，人家吃早餐時我睡覺；等他們吃完早餐我也醒了，大家就開始做事。

而且，當你知道還有未完成的事情時，不應該會累。我知道事情還沒忙完，自己就會睡不著，所以把事情都做完才去睡。

11 想問法比安的保養密技？

清潔、保濕、用適合自己的產品。不要有品牌迷思，不適合就要換，世界上沒有任何品牌可以包山包海全都好用。相信我，那種鬼故事不存在。保養除了品牌很重要以外，使用時的手法也很重要，這個可以再出一本書了呢！

12 怎麼樣讓自己在熬夜工作後，還能保持好精神？

當我知道有很多事情要來的時候，我會很興奮想把所有事情做完。

13 想知道常常出差的法比安，整理行李的撇步。

以前我的員工會幫我收行李，他們都有一個筆記本專門記錄行李內容，隨著每次我的腦殘情況再加入需要的東西。所以我出差的行李都很澎湃，基本上移民過去都沒問題。

那些說「有信用卡什麼都能買到」的人，我敢說根本就沒有充分的旅遊經驗！去深山出差時，信用卡連隻山豬都買不到好嗎？該帶的東西就要帶，所以我列了一份詳細的行李清單，基本上春夏秋冬的衣物都會各帶兩套。

14 老闆面試新員工時，最討厭面試者何種穿著？請給即將踏入職場的年輕朋友一些建議。

白襯衫、黑西裝褲加黑皮鞋絕對不會錯。但是要聽清楚：品牌不重要，合身乾淨才是重點、皮鞋一定要擦乾淨。看一個人有沒有錢，不是他穿什麼牌子的鞋子，而是他有沒有把鞋子擦乾淨，沾到屎的PRADA還是臭啊！

15 法比安也是人，總會有空虛寂寞冷的時候，這時要怎麼排解呢？

讓自己忙起來，就沒有時間空虛寂寞覺得冷了。除了忙起來，很多時候我也靠吃（跪）……。

享受美食，是我紓壓的好方法。

〔附錄〕

航空哩程的知識
&
實戰教學

航空哩程小知識

1. 直達＆直飛（Nonstop flight／Direct flight）

Nonstop flight 通稱為「直達航班」，意思是當搭上飛機後，同一個航班號會一路到目的地，中途不需要轉機、下機加油。但直達航班的價格往往是最貴的，因為飛行時間最短，適合分秒必爭的商務客。

Direct flight 則為「直飛航班」，英文會讓你以為是直飛，其實 Direct 會在抵達目的地之前，停留一個甚至多個轉機點，讓部分乘客轉機或下機、讓飛機加油或補充物料等。Direct flight 價格通常比 Nonstop flight 便宜，但又比接下來要介紹的轉機航班貴。

【台灣哩程研究社】小檔案

- 2016年8月3日成立。
- 入社申請核准嚴格，杜絕幽靈成員，核准率約兩成。
- 約4.2萬名社員，2020年平均活躍率 87.27% 。
- 促成數百次社團哩民無酬互贈貴賓室體驗。
- 社團每年與銀行洽談獨家優惠方案，高額年費哩程信用卡2020年核發超過5萬張。
- 社員獲得加碼哩程每年破億哩；兌換商務艙飛行距離，足以繞地球38,400圈。

2. 轉機（Layover／Transfer）

轉機其實就是我們日常聽到的 Layover 或 Transfer，指從甲地飛到乙地，但二十四小時內，在乙地換另外一架飛機飛往丙地（目的地）。

這在超過五小時以上的中長程的飛行是很常見的，Layover 和 Transfer 一開始是一樣的意思，不過目前大家比較通用的 Transfer，是指一個較短的 Layover，只有幾小時的等待時間；Layover 則代表是十幾小時的等候。

前述有提到二十四小時內都稱為轉機，所以即使是二十三個小時五十九分鐘的停留，也被認定為轉機。這種將近一天的停留時間，有些以轉機為主的航空公司，會幫你在等候的時間安排城市半日遊行程（譬如新航、卡達航空、阿聯酋航空、阿提哈德航空等，就會提供乘客在轉機期間，免費參加城市旅遊以及提供豪華艙等五星級住宿）。所以事前若有此類規劃，要先確認是否需要申請簽證，就可以增加一個旅遊點。

3. 中停（Stopover）

指允許在城市轉機，且停留的時間超過二十四小時。

要特別注意的是，不同的機票有不同的限制和遊戲規則，有的允許一次或多次的停留，有的不允許任何停留，只能轉機。通常這樣的限制來自最簡單的機票價格，譬如促銷特價票，可能就必須按照原本的開票內容不得更改，或者必須再付出改票費用。

4. 開口（Open - Jaw）

Open-Jaw 的意思就是旅遊行程中，搭機從不同城市進出，中間無法銜接的一段路程由自己規劃，譬如旅遊地的國內班機、巴士、火車等等。

例如去歐洲旅遊時，在倫敦下飛機，但還想去巴黎，買機票的時候就要用「多個目的地」的方法去買票，這樣就可以不用走回頭路，又可以去好幾個不同的城市。

這個方法可以讓這趟旅行去更多地方而且更划算，因為倫敦希斯洛機場的離境稅很昂貴（艙等愈高愈貴），但從巴黎機場飛回程便宜許多，很多甚至只要一半的價格。

5. 共享（Codeshare）

共享在不同的地區有不同的名稱，譬如「共掛航班」、「聯營航班」、「班號共用」，中港澳則稱為「代碼共享」，這些都是同樣的意思。

指由多家航空公司共同經營某一航線，經常用於接駁長途航班的短途航班上，或者是熱門樞紐城市、班次密集的短途航班。簡單說，就是航空公司之間的「買位」、「共銷」制度，讓無法飛行該航線的航空公司，能通過購入其他航空公司航班的機票，再出售給顧客。

例如大家所熟知的三大航空公司聯盟，最初大多是由，班機航班號碼有共用合作航司所組成的聯盟，再逐漸吸收新夥伴，並且年年調整、淘汰，而擴大成今日的規模。

6. 航空聯盟（airline alliance）

如上述，是指兩間或以上的航空公司之間所達成的合作協議。全球最大的三個航空聯盟分別是星空聯盟（Star Alliance）、天合聯盟（SkyTeam）及寰宇一家（oneworld）。

除了佔航空聯盟中大多數的客運聯盟外，亦存在貨運航空公司之間組成的航空聯盟，例如天合聯盟貨運以及 WOW 航空聯盟。航空聯盟提供了全球的航空網絡，加強了國際的聯繫，並使跨國旅客在轉機時更方便。航空聯盟成員的航空公司，可透過代碼共享提供更大的航線網絡。很多航空聯盟的開始，都是來自幾間航空公司之間的代碼共享網絡發展而成。

航空聯盟		
傳統三大聯盟		廉價三大聯盟
STAR ALLIANCE	星空聯盟（STAR Alliance） 26個正式成員 est. 1997	香草聯盟 est. 2015
oneworld	寰宇一家（oneworld） 13個正式成員 est. 1999	價值聯盟 est. 2016
SKYTEAM	天合聯盟（SKY Team） 19個正式成員 est. 2000	優選聯盟 est. 2016

藉由共用維修設施、運作設備、貴賓室、職員等，航空公司可以互相支援機場地勤與空廚作業，以減低成本。由於成本減少，乘客可以更低的價錢購買機票，空位也更易售出，航班開出時間更靈活有彈性。另外，轉機次數減少，乘客可更方便地抵達目的地。

最後，乘客在飛行常客獎勵計劃中（如「亞洲萬里通」），使用同一帳戶乘搭不同航空公司，均可賺取飛行哩數。透過航空結盟，使同一個聯盟內的哩程計畫，可相互兌換及累積，讓消費者環球飛行不再是夢想！

【小結】

哩程常客的做法有正確的SOP！（也是唯一正派做法啦，不要當兔大頭）

某些哩程部落客的收費課程內容，課程長達一週，其內容有很多是網路上的公開訊息，但這些簡單知識其實都是可免費取得的。

哩程常客在計畫行程時，有非常簡單的原則，照著這個正確的SOP進行，旅程會更順利。換哩程時，順序應該是這樣的：

步驟1 先想好要去哪（目的地）？

步驟2 成員有幾位？

步驟3 想乘坐哪種艙等？

步驟4 完成以上，再來挑選哪個航空公司最適合？

步驟5 該航空公司的哪個計畫可以換到？

步驟6 接著才是看哪張信用卡適合？

步驟7 考量步驟5、6，看兩者怎麼搭配使用最有利？

絕對不是為了賺哩乘就亂辦卡、亂剪卡，最後搞到自己信用不良！

社團與銀行合作飛行卡特殊專案，即便疫情期間仍有五位數的成交紀錄。

哩程常見問答 Q&A

Q01 我一年只旅行一次，為什麼要累積哩程？

在疫情前，國人平均約72%每年會「搭機」出國一次。因此，約有七成的人，可以利用信用卡來累積哩程，兌換免費機票。

而哩程累積兌換機票的年限，平均至少為兩年。也就是說，每兩年會出國一次的人，就有很大的機會可以運用哩程兌換到免費機票。

Q02 為什麼我們要辦航空卡，而不是現金回饋卡？

承前題的答覆，在大多數時候，現金回饋卡平均回饋率在1至2%左右，即便加碼，最高約5％。但當哩程轉換至機票後，則可有約16至23％的現金價值。因此有目的性的累積，可以放大回饋率至十倍以上。

Q03 為什麼要繳年費？

通常年費卡除了回饋率較高（較能換到機票）之外，每年的續卡禮或開卡禮，基本上都可以產生正面收益。也就是說你得到的哩程兌換機票，價值幾乎大於你所付出的年費，因此兌換機票後，使用卡中的其他福利等於「白賺」，所以有旅行需求的人，建議選擇高年費卡為主。

Q04 怎樣的人適合使用信用卡累積哩程？

以市場二〇一六至二〇二〇年的情況來說，每年使用信用卡消費可達二十四萬以上的持卡人，較適合使用信用卡累積。小於此金額者，除非首刷能拿到哩程外不建議使用，但如果首刷的迎新哩程足夠兌換你想要的機票，則可以考慮入手。同時建議你，我們社團的特案，都會有巨量多倍的加碼，一般人如果只能兌換到一張機票，經由我們社團就會放大到兩張，或者從經濟艙變成頭等艙喔！

Q05 跟團可以累積哩程嗎？

99%的團體機票都不能累積哩程，除非情況比較特殊在G艙（團體票），才能累積。此外，當你自費升等商務艙，也要看加價後的艙等代碼是多少，才知道是否能累積。

Q06 我如果想要免費機票，需要累積多少哩程？

依照航點的不同，在優惠時，有時低至七千五百哩，即能兌換單程票；如果是頭等艙環遊世界，則需三十四萬五千哩，豐儉由人。

Q07 所以用哩程換的機票就都不用錢了嗎？

機票通常的價格組合是：機票本身＋機場稅＋燃油附加費＋雜費，而哩程可以免除的是機票本身費用，其他稅費雜費仍須支付，因此還要看所兌換的機票起降地點，以及當時燃油價格而定。不過大部分的情況下，哩程＋其他費用，都會比現金價來的划算許多（尤其是商務、頭等艙機票）。

Q08 我可以使用哩程，兌換我想要的任何航班嗎？

如果提前申請，大概90％都能兌換的到，或在淡季即時出發時，航空公司也會把售票的位置同時開放供哩程兌換。兌換機票雖然很划算，但是兌換的方式以及時間點，都要搞清楚，才可以換到自己想要的免費旅程。

Q09 A航空公司只能用A哩程嗎？

除非在同聯盟或有共同兌換夥伴，大多數情況是「自家兌換自家」最為簡單。但是有時候在同聯盟裡，兌換哩程會更有優勢。例如原本需要十萬三千五百哩才能兌換的日航頭等艙，若使用阿拉斯加航空的哩程兌換，只需要七萬哩就能兌換相同旅程，這就是聯盟的好處。但是取得哩程的渠道會較難，而兌換規則也有所不同，開放位置也會較少。不過畢竟可以省下將近一半哩程，很值得研究。

Q10 可以用自己的哩程，兌換機票給家人或其他人嗎？

首先，某些銀行信用卡累積的點數，在轉換哩程時可以有彈性地轉換給任何人；但是大多數時候，只能轉換到自己的名下哩程計畫。

而轉入哩程計畫後，依照哩程計畫的不同，大多數哩程計畫兌換給自己沒有任何限制，兌換給他人會有以下情形（包括但不限於）：

- 無限制的兌換給他人。
- 隨你怎麼換：在兌換的時候只要填入搭機人的名字、姓氏即可，例如英國航空（Avios）。
- 無限制的兌換但需開通：以中華航空「華夏俱樂部」為例，隨你怎麼換，但是必須先開通轉換成免費機票券，才能轉給其他會員。
- 有人數限制的提名名單：以國泰航空「亞洲萬里通」為例，此項限制每年有一定的人數（五人），超過人數後每更改一個人要支付相應手續費（五十美金）。但兌換名單中，沒有任何血緣關係者也可以兌換。
- 有其他限制的提名名單：例如血緣限制（日籍航空），是指定在血緣關係內，所產生的哩程可以累積在一包，並且兌換給家庭樹內的人。

Q11 我應該什麼時候兌換哩程票？

每個航空公司的開放時間有所不同，通常在起飛的三百三十天前可開放兌換，但是較遠的日期，位置不會釋出太多；接近的日期如果還沒賣完，才會釋出較多位置（甚至起飛當天有人會去櫃檯等，例如長榮航空）。

Q12 哩程票可以更改或取消嗎？彈性為何？

每個航空公司規定不同，大多數非自願情況下，原定航班被取消，或被更改至其他艙等或時段（甚至只差十分鐘），乘客可以在無需任何手續費的情況下免費退回，或更改至其他航班（甚至航點）。

但如果是旅客自己要求申請更改，則90％以上都會有手續費，手續費可以哩程折抵或現金支付，但是大多不划算。因此我建議免費兌換機票的旅程，就是你發誓幾乎不會更改的旅遊計畫，這樣才會玩得開心（畢竟免費的變成要額外收費，任誰心情都會大受影響）。

Q13 哩程是不是一個隨時會貶值的虛擬貨幣？

說隨時倒是不至於，因為哩程計畫的影響層面非常廣，因此60％以上的情況，航空公司都會提前預告，甚至在做出改表或貶值之前，都會有一至三個月的緩衝期，因此提早規劃有目的性的累積旅程，大多數不會受到影響。

Q14 哩程會過期嗎？

80％以上的哩程計畫是有壽命的，大約二至三年，但全球的航空公司，現在漸漸改成以「滾動制」為主流。所謂滾動制度，就是凡哩程帳戶有任何進出，會整筆延長十八個月或一年壽命。因此只要有累積或兌換，哩程就會一直有效。

Q15 哩程能轉讓嗎？

大多數來說，積分轉入哩程計畫後，轉讓都是不划算的，如果你的目標是要累積兌換給其他人，應該挑選可以直接兌換給他人的計畫；如果想以合併累積的方式，應該慎選適合的哩程計畫。總之在兌換前就要有目標，也要清楚自己的旅遊方式跟預算，才不會入錯坑。

Q16 不同航空的哩程可以合併使用嗎？

NO！除非經過其他轉點平台，不停貶值後再合併，否則這是不可能的。因此我一直強調，要聰明累積哩程、有目的性地安排才划算。

Q17 同一家航空公司的哩程能合併嗎？

同航空公司同搭機人，自然匯入到同一個人的帳號。如果是不同人想要累積在一起，則要挑選可以合併累積的航空公司（日籍為主）。

Q18 累積哩程應該「累在哪」？兌換機票應該用哪家兌換？

首先應該先挑選出自己想要去的地點、想要搭乘的航空，知道目標後再往回推：應該用哪個航空公司的哩程去兌換你希望的機票？接著再去累積那個哩程計畫。

Q19 出國我選哪個聯盟較好？哪個航空？（帶到全家桶特異性概念etc.）

跟前面那題相同，找到適合的計畫後，進行累積。

Q20 如果我喜歡每年去東南亞以及歐美旅遊，要哪個聯盟好？

大多數時候，從台灣出發我會推薦你直飛的華航或長榮；而如果你願意轉機，則可以選擇國泰，簡單比較如下。

- 華航（天合聯盟）：直飛、航點廣、哩程票好兌換。
- 長榮（星空聯盟）：很少有兌換位置。
- 國泰（寰宇一家）：可兌換位置多，航班航點比華航長榮密，但需要轉機。

Q21 如果我喜歡搭乘「華航」或「天合聯盟」，應該怎麼累積哩程較快速？

目前在台灣只推薦累積在中華航空的「華夏哩程酬賓計畫」。選用華航哩程兌換機票的話，推薦申辦中國信託發行的「中華航空聯名卡」，來快速累積哩程。若常常飛兩岸三地的話，也推薦使用「大中華攜手飛信用卡」。

另外，平常出國也可以選擇搭乘中華航空、大韓航空、馬來西亞航空、達美航空、法國航空等，均可以將哩程累積至華航的哩程帳戶中。

Q22 如果我喜歡搭乘「長榮航空」或「星空聯盟」，應該怎麼累積哩程較快速？

星空聯盟在台灣可以累積至長榮的「無限萬哩遊」，或是全日空的「ANA哩程俱樂部」。我個人會比較推薦累積在全日空，因為兌換免費機票的門檻較低。舉例來說，淡季的台灣、日本來回機票，最低只需要一萬七千哩（長榮則需要三萬五千哩）。另外「全日空哩程計畫」，亦可以將全家人的哩程累積在一起、一起使用。

旅行的時候，台灣較常使用的星空聯盟航空為：長榮航空、全日空、新加坡航空、紐西蘭航空、聯合航空、土耳其航空等。

Q23 如果我喜歡搭乘「國泰航空」或「寰宇一家」，應該怎麼累積哩程較快速？

寰宇一家的機票在台灣則比較彈性，可以選擇累積在國泰的「亞洲萬里通」、「日航 JMB 計畫」，或是「英航 Avios 計畫」。

以上每個計畫都有不同的優勢，舉例來說，「亞洲萬里通」以及英航的哩程有效期限均為滾動型，分別為十八個月以及三十六個月。其中「亞洲萬里通」在台灣有廣泛的通路，包括信用卡刷卡累積，或是在合作店家消費、參加官網任務活動等。信用卡部分推薦中辦國泰世華發行的「亞洲萬里通聯名卡」，以及台新銀行發行的「國泰航空聯名卡」。

日航 JMB 哩程推薦兌換日航自家的機票，累積方式則可以考慮中辦滙豐銀行發行的「滙豐旅人卡」。

Q24 講了那麼多，到底要怎麼兌換哩程票？

兌換哩程的方式百百種，每一家航空公司大多都有自己的官方網站，可以提供機票兌換。我建議初學者想累積在哪一個計畫，就直接使用該計畫的官網去查票及訂票。至於進階的查票方式，天合聯盟我推薦用達美航空的官網查票；星空聯盟推薦用聯合航空、全日空官網查票；寰宇一家推薦用英國航空的系統查詢。

Q25 有最優勢的哩程兌換方式嗎？

其實沒有所謂最優勢的計畫，每個計畫都各有所長，端看想要旅遊的地方以及飛行習慣，以及對品牌的個人偏好選擇。

Q26 哩程／點數到底本身有多少價值？

首先哩程應該視為一個贈品，並非可以實際交易的貨幣。但就像股東會贈品一樣，只要有人的慾望就有市場，所以有些人會做不合規的交易去買賣哩程。從這個角度看，價值約落在0.2至0.4新台幣／每哩，端視個人選擇的航空公司，和整筆哩程數的大小。通常哩程數越高越貴，因為可以換到更好的艙等、飛更遠的距離。但我要再次強調，如果以哩程商品化套利作為初衷，那是不太健康的。

Q27 何時哩程數才會計入我的帳戶？

通常在飛行後的七十二小時到十四天，會匯入帳戶中，端視航空公司規定以及個人選擇的機票。例如選擇A航空的機票，但哩程要累積在B航空，通常會花費比較久時間，有時候甚至會遺漏需要補登。因此機票及登機證的保留是必要的，不論電子截圖還是實體本身，都應留存到哩程積分匯入為止，而且也是個不錯的紀念品啊！

Q28 為什麼大家都是兌換商務艙或頭等艙？沒有人兌換經濟艙呢？

因為人往高處爬、水往低處流，只需要多一倍努力，就幾乎確定能過更好的生活、換到更好的旅遊體驗，何樂而不為？但有時候如果只是短暫出差，需要去很近的地點，那經濟艙真的就夠了，不要浪費哩程在短距離航線上，除非你是哩程大富翁。

Q29 每筆信用卡消費，都能夠累積哩程嗎？

當你選擇飛行卡時，都能累積哩程或轉換成哩程的積分，可是要注意的是：從想要換的機票、預設的目的地、搭哪家航空公司，再往回推這張卡能夠產生多少積分、所兌換的航空公司是否屬意，才是對的方式。

也就是說不應該只看回饋率，還要看目的地、兌換率、放位制度等等。哩程不會是旅遊的最大重點，但會是一個稍微用心、堅持目標就能達成的美夢加速器。加入我們社團，能一起探索更多旅遊美好，而且是正道。

2020年，社團有專屬會員卡了！

更多的哩程相關知識、疑難雜症，請至「台灣哩程研究社」爬文，直接發文詢問也會有熱心哩民解惑喔！

台灣哩程研究社FB：

https://www.facebook.com/groups/AsiaMilesClub/

VERSACE
LEE

FABIAN

照片提供 / Sherry

2019

New York

2018 Qatar

2018 Egypt

2019 Shanghai Airlines

一生必須要去一次的時代廣場跨年

2020
TIMES SQUARE

2019 Xmas Party

2020 Xmas Party

2018 Xmas Party

2020 JAL First Class

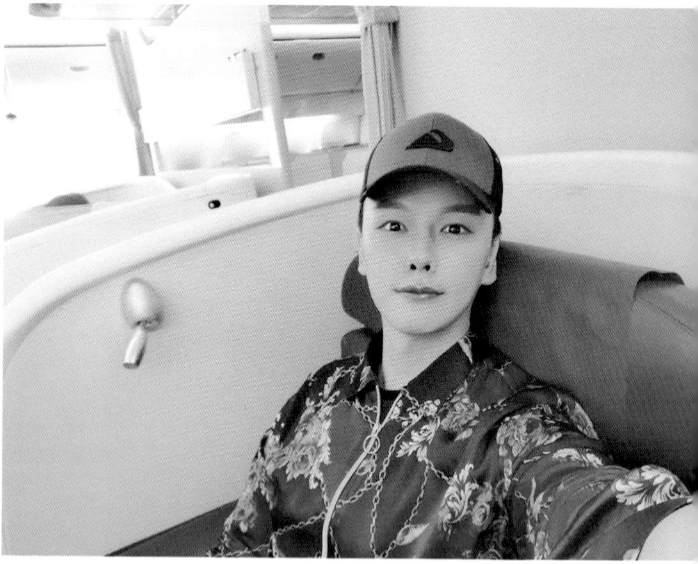

我的天才，
我決定

2020 Taipe

2017 Bangkok

我的天才，
我決定

2020 Taipei

2020 Taipei

Fin ~

國家圖書館出版品預行編目（CIP）資料

我的天才，我決定：從小助理到身家上億，看我30歲前翻轉人生的故事！
／法比安著. -- 新北市：大樂文化，2021.01
240面；14.8×21公分（優渥叢書BUSINESS；074）
ISBN　978-986-5564-12-4（平裝）

1.自我實現 2.成功法

177.2　109021805

BUSINESS 074

我的天才，我決定

從小助理到身家上億，看我30歲前翻轉人生的故事！

作　　者／法比安
封面設計／高國華
內頁排版／江慧雯
文字整理／Rose
責任編輯／林育如
主　　編／皮海屏
發行專員／呂妍蓁、鄭羽希
會計經理／陳碧蘭
發行經理／高世權、呂和儒
總編輯、總經理／蔡連壽
出 版 者／大樂文化有限公司（優渥誌）
地址：220新北市板橋區文化路一段268號18樓之一
電話：（02）2258-3656
傳真：（02）2258-3660
詢問購書相關資訊請洽：2258-3656
郵政劃撥帳號／50211045　戶名／大樂文化有限公司

香港發行／豐達出版發行有限公司
地址：香港柴灣永泰道 70 號柴灣工業城 2 期 1805 室
電話：852-2172 6513　傳真：852-2172 4355

法律顧問／第一國際法律事務所余淑杏律師
印刷／韋懋實業有限公司

出版日期／2021 年 1 月 28 日
定價／380元（缺頁或損毀的書，請寄回更換）
ISBN 978-986-5564-12-4